게임의 法칙

게임의 法칙

법은 어떻게
세상을 움직이는가

곽한영 지음

창비
Changbi Publishers

사랑하는 아내에게

대개 사람들은 '법'이라고 하면 일단 거부감부터 갖습니다. 마치 주 삿바늘만 보면 조건 반사처럼 울음을 터트리는 어린아이들처럼 법을 보면 일단 멀리하고 모른 척 지나치고 싶어 합니다. 그런 마음은 꽤 강하고 보편적이지요. 법이란 글자는 어쩌면 모양마저도 그렇게 융통성 없이 가로세로 직선만으로 이루어진 걸까요? 단 한 글자만으로도 그 안에 갇히면 헤어나지 못할 것 같은 불안감을 안겨 줍니다.

그럼에도 불구하고 우리 삶 여기저기엔 법이 가득합니다. 심지어 스멀스멀 부풀어 올라 온 동네를 감싸던 방역차의 뿌연 소독 연기처럼 세상을 집어삼킬 듯 한정 없이 늘어나고 있습니다. 미국에서는 사법 영역이 정치 영역을 침범하면서 공동체의 합의를 통해 해결해야할 정치적 사안들까지 사법적 판단에 기대는, 이른바 '사법 국가화 현상'이 사회적 의제로 등장할 정도입니다.

법이 자꾸만 커져 가는 것을 두고, 어떤 이들은 '권력자의 억압 수단'이 확장되는 것일 뿐이라고 생각하기도 합니다. 사실 역사적으로 법에는 그런 일면이 있기도 했지요. 하지만 이는 마치 이해하기 어려운 현상이 생겼을 때 그것을 설명하려고 고심하기보다 외계인의 소행이라거나, 혹은 어떤 음모가 있다고 손쉽게 정리해 버리는 태도와 비슷합니다.

법은 양날을 가진 검과 같습니다. 권력자가 자기 의지를 관철하는 수단으로 활용할 수도 있지만 반대로 시민들이 권력의 정당성을 문제 삼고 남용되는 권력을 제한하는 수단으로 사용할 수도 있죠. 특히 시민 혁명 이후 민주주의가 정착되는 과정에서 법은 권력을 제한함으로써 시민의 권리를 보장하는 중요한 역할을 해냈습니다.

최근 사회 규모가 커지고 복잡해지면서 시민의 손에 잠시 들어왔던 법이라는 검의 칼자루가 다시금 전문가, 관료, 기득권 세력의 손으로 넘어가고 있다는 불안감이 커지고 있습니다. 이 불안감을 극복하기 위해 우리가 택할 수 있는 선택지는 두 가지입니다. 하나는 칼날을 무디게 하거나 칼 자체를 부정하는 것입니다. '법은 원래 있는 사람들 편이지.' 하고 외면하거나 또는 아는 사람, 이른바 '백'을 동원하여 법 바깥에서 해결책을 찾는 것이지요.

이런 선택은 가능하지도, 현명하지도 않습니다. 법 규범이 구체적인 삶에서 멀어지고 형식화되고 있다는 비판을 받고 있긴 하지만, 우리가 사는 사회는 이미 법 대신 구성원들의 직접적인 합의를 도출하거나 모호한 상식에 기대기에는 너무 거대한 존재가 되어 버렸기 때문입니다. 또한 집에서 쓰는 식칼에 손을 벨까 봐 날을 일부러 무디게 하는 것이 어리석은 일이듯 법을 무시하고 무력화하는 것도 좋은 방법이 아닙니다.

그렇다면 우리에게 남은 선택지는 하나, 더 많은 관심과 애정을 가지고 법이라는 칼을 제대로 손에 쥐고 올바로 휘두르는 것입니다. 그것을 통해 우리가 옳고 바르다고 생각하는 가치를 실현하는 것입니다.

이 책 『게임의 法칙』을 구상하게 된 것은 법을 공부하면서 법이 의외로 매우 '허술한' 시스템임을 깨닫게 되면서였습니다. 사람들은 흔히 법이란 처음부터 완결되어 있는, 논리적으로 빈틈없는 것, 절대적인 대상으로부터 부여받은 '경전'에 가까운 것처럼 생각하는 경향이 있습니다. 하지만 법은 사실 삶이라는 '게임'을 하기 위해 사람들이 임의로 '합의한 규칙'일 뿐입니다.

그래서 이 책의 앞부분에서는 법의 신화적인 이미지가 형성된 과정을 되짚어 보면서 그 과정에도 인간의 희로애락이 개입되어 있음을 보여 주고자 했습니다. 그리고 뒷부분에서는 합의의 결과라는 법의 특징이 잘 담긴 사례들을 우리 삶에서 찾아 제시함으로써 상식과 일반인들의 법의식이 법 자체보다 훨씬 중요하고 근본적인 요소임을 설명했습니다.

흔히 나중에 판검사가 되겠다는 포부를 밝히는 중·고등학생들에게 그 이유를 물으면 "판검사가 되어 우리 사회를 더 나은 곳으로 만들고 싶다."라는 말을 많이 합니다. 같은 이유로 민주화 운동을 하다 법조인의 길을 걸은 사람들도 많지요. 이렇게 좋은 뜻을 품은 법조인들뿐만 아니라 더 많은 사람이 법에 관심을 갖고 기본적인 법적 소양을 갖출 때 진정한 의미의 상식이 우리 사회에 자리 잡을 수 있을 것입니다.

제가 하고 있는 '법교육'이라는 일은 바로 그런 차원에서 법 전문가가 아닌, 일반인과 청소년들을 대상으로 바른 법의식(legal mind)을 갖도록 하는 일입니다. 법의식이란 좁게는 법 전문가들이 법을 통해, 법의 논리와 방법론을 사용하여 사고할 수 있는 능력을 의미하지만, 넓게는 사회의 주인으로서 시민들이 가져야 할 법에 대한 기본 소양과 가치관, 시민 의식을 통틀어 이르는 말입니다. 민주 사회의 주인들이 제 역할을 하려면 법에 대한 최소한의 지식, 관심, 애정을 지니고 법에 따라 행동하며 법의 문제에 적극적으로 개입하려는 태도가 필수적입니다.

이 책을 쓰는 과정에서 자료 조사를 맡아 준 이영웅 학생의 도움을 많이 받았습니다. 매주 함께 대화하고 토론하는 과정에서 책이 더욱 깊어질 수 있었습니다. 진심으로 감사하다는 말을 전합니다. 이 책을 함께 만든 김선아 편집자와 출판사 창비에도 감사드립니다. 출판사의 사려 깊은 제안과 애정 어린 손길 덕분에 부족함이 많은 원고가 이렇게 고운 책으로 묶여 나올 수 있었습니다.

지금부터 우리 주변에서 흔히 접할 수 있는 영화, 게임, 스포츠, 역사 유물 등 다양한 사례들을 문고리 삼아 법의 세계를 열어 보이려고 합니다. 구체적인 법 조항이나 사건들은 일부러 자세히 다루지 않았습니다. 그보다는 법에 대해 더 깊게, 더 넓게, 더 재미있게 생각해 볼 수 있는 마당을 펼치려고 합니다.

법은 필요하고 중요한 것인 동시에, 알고 보면 무척 재미있는 것이기도 합니다. 믿기 어렵다고요? 그 두려움과 기대를 동시에 안고, 법의 세계로 가는 문으로 들어서 주시기 바랍니다.

2016년 여름
곽한영

차례

법의 탄생

불완전한 세계, 갈등하는 인간

01

법은 어떻게 땅으로 내려왔나
/ 이야기에서 신화로, 다시 법으로

**신의 법과
인간의 법**

　　　　　　인류 역사에서 법은 맨 처음 어떻게 생겨났을까
요? 아주 간단한 규범까지 모두 법에 포함한다면 법의 등장 시기는 아
마 선사 시대까지 거슬러 올라가겠죠. 그럼 기록이 남아 있을 리 없으
니 애초에 어떤 것이 최초의 규범인가를 따지는 것은 불가능한 동시
에 불필요한 일일 것입니다.

　그래도 추측을 해 보자면, 법에 대한 관념은 아마 '두려움'에서 시
작되었을 겁니다. 자연 현상에 대한 지식이 거의 없던 시절에는 바람
이 불고 비가 오고 눈보라가 치는 현상들은 인간에게 아주 당황스러
운 일이었을 것입니다. 언제 어디서 나를 덮칠지 알 수 없기 때문입니
다. 이에 대한 두려움에서 벗어나는 첫 번째 단계는 스스로 이해할 수

있는 방식으로 자연 현상들을 설명해 내는 작업이었을 것입니다. 해와 달이 서로 싸운 끝에 사이좋게 낮과 밤을 나누어 갖게 되었다거나, 태양신 아폴론이 이끄는 황금 전차가 하늘을 가로질러 달려가는 것이 해가 뜨고 지는 이유라는 식의 신화들이 등장하는 것이지요.

이런 신화는 자연스레 두 번째 단계, 반복되는 현상들의 규칙성을 파악하고 이를 통해 미래를 예측하는 단계로 이행했을 것입니다. 특히 농업이 주가 되는 사회에서 미래 예측은 매우 중요했겠지요. 어느 시점에 씨를 뿌리고 거름을 주고 작물을 거두어 저장해야 하는지에 관한 지식은 당대에는 삶과 죽음을 가르는 핵심적인 생존 지혜로 소중히 여겨지지 않았겠습니까?

따라서 세 번째 단계에서는 이렇게 축적된 지식들이 다시 한번 신화의 형태로 다음 세대에 전승되었을 것입니다. 생존에 관련된 지식들이 함부로 무시되거나 혹은 몇몇 사람에 의해 파괴되는 일이 없도록 강력한 금기와 규제를 부여했을 터이고 이 과정에서 '이야기'는 '종교'로, 그리고 인간의 삶을 지배하는 '법'으로 변화했겠지요.

이렇게 만들어진 자연적 질서로서의 법을 고대 그리스에서는 '피시스(physis)'라고 불렀습니다. 자연 규범, 물리적 규칙으로서의 법을 뜻하는 단어입니다. 자연에 존재하는 거대한 규범이니, 일개 인간이 거부하거나 바꾸는 것이 가능할 리 없습니다. 인간이 할 수 있는 일은 그저 규범에 순응하며 살아가는 것뿐입니다. 만약 이를 거부하는 인간이 있다면 화를 당하게 될 것입니다.

하지만 인류 최초로, 평등한 공동체 구성원으로서 시민의 개념을 정립하고 민주주의의 원형을 만들어 낸 아테네인들은 달랐습니다. 그들은 자신감을 바탕으로 인간들이 모여 만들고 살아가는 사회의 규범을 인간들이 만드는 것은 가능하고 당연한 일이라는 혁명적인 발상을 했습니다. 그리고 그렇게 개념화한 인간의 법을 '노모스(nomos)'라고 불렀습니다. 이 단어는 여러 변형을 거쳐 현대 영어에도 남아 있습니다. 규범을 의미하는 norm이라는 단어가 바로 그것입니다. 규범을 지키는 사람은 '정상'(normal)이 되고 규범을 어기는 사람은 '비정상'(abnormal)이 되는 것이지요.

피시스와 노모스의 대립은 이제 본격적으로 '신의 법'과 '인간의 법'의 자리다툼이 시작되었다는 것을 의미합니다. 세상의 주인은 신인가 인간인가, 내 삶은 자연이 결정지어 놓은 운명에 따라 흘러가는 것인가 아니면 인간으로서 나의 의지에 따라 달라지는 것인가. 지금까지도 결론이 나지 않은, 어쩌면 인류가 영원히 짊어지고 가야 할 거대한 질문이 시작된 것입니다. 신화와 법, 하나의 뿌리에서 나온 두 개의 줄기가 서로 얽혀 들며 전설을 만들어 내려고 합니다. 저는 이 전설의 제목을 '땅으로 내려온 법 이야기'라고 붙여 보았습니다.

함무라비 법전의 비밀

어떤 사회든 여러 사람이 모여 사는 곳에서는 부

딪히는 이해관계를 조정하고 질서를 만들어 내는 공동의 규칙이 존재할 수밖에 없습니다. 문제는 그 규칙이 어떻게 정당성과 보편성을 획득하는가 하는 점입니다. 가장 먼저 떠오르는 수단은 노골적인 물리력입니다.

하지만 물리력만으로 질서를 구현하는 것은 매우 비효율적이며 어쩌면 불가능한 일입니다. 아무리 강력한 물리력을 가진 국가라도 다수인 국민 모두를 일일이 제압할 수는 없습니다. 일시적으로 그런 일이 가능하다 해도 엄청난 비용과 조직이 필요하므로 이를 바탕으로 국가가 장기간 존속하는 것은 힘듭니다.

따라서 어떤 규칙이 정당하다는 인식이 사람들에게 보편적으로 자리 잡는 것은 공동체의 형성과 유지에 매우 중요합니다. 현대 민주 사회에서는 토론, 선거, 시민 단체를 통한 의견 제시와 견제 등이 복합적으로 작용하여 규칙에 대한 지지와 동의가 형성됩니다. 하지만 과거에는 많은 사람의 직접 경험과 맞닿아 있고 보편성을 보다 쉽게 획득할 수 있었던 자연과 신의 이야기로부터 '질서'를 유추해 내는 것이 현실적으로 가능한 선택이었을 것입니다. 예를 들면 '왕은 왜 왕인가?'라는 질문에 대해 '그가 가장 강력한 무력을 가지고 있기 때문에'라는 대답보다는 '그는 인간이 아닌 신이기 때문에'라거나 '왕이 될 권한을 신에게 받았기 때문에'라고 대답하는 편이 훨씬 안전하고 그럴듯해 보였을 것입니다.

이 그림은 조문 전체가 남아 있는 성문법 가운데 가장 오래된 것으로 알려진 '함무라비 법전'●의 상단부입니다. 함무라비 법전은 원래 돌기둥에 새겨진 것인데 그 기둥 상단부 조각이지요. 학생들에게 이 사진을 보여 주면 대부분 오른쪽에 앉아 있는 사람이 함무라비 왕일 거라고 생각하더군요. 하지만 함무라비 왕은 왼쪽에 공손하게 서 있는 사람이고, 앉아 있는 이는 태양

함무라비 법전 상단부.

신 샤마시입니다. 이 조각은 태양신이 권력의 상징인 고리와 지팡이를 함무라비 왕에게 전달하는 장면을 묘사한 것입니다. 즉 왕의 권력이 신으로부터 왔음을 상징적으로 보여 주지요. 함무라비는 왜 이런 그림을 법전에 새겨 넣은 것일까요?

기원전 1700년경 바빌로니아 제1왕조의 6대 왕이었던 함무라비는 거의 평생을 전쟁과 함께했습니다. 부지런하고 노련했던 그는 탁월한 정세 판단과 리더십을 통해 정복 전쟁을 성공적으로 이끌었고 이에 따라 작은 도시 국가였던 바빌로니아는 급속도로 성장했습니다. 한

● 바빌로니아의 통치자 함무라비가 반포한 법전입니다. 우르남무 법전이 발견되기 전까지 가장 오래된 성문법으로 알려져 있었습니다. 1901년에 이란 서남부에 있는 고대 도시 수사에서 발굴되었는데, 높이 2.25미터의 검은 현무암 돌기둥으로 쐐기 문자가 새겨져 있습니다. 형법에는 '눈에는 눈, 이에는 이'라는 동해 보복의 원칙이 적용되었습니다.

마을의 규모가 커진다는 것은 단순히 다른 마을이 하나둘씩 추가되는 것으로 끝나지 않습니다. 이를 관리하기 위해 동사무소나 시청, 법원, 경찰서와 복지 센터 등 예전엔 별로 필요하지 않았던 조직들이 새롭게 필요해집니다. 양적 변화가 일정 규모를 넘어서면 질적 변화를 요구하지요.

거대해진 제국을 통치하기 위한 '새로운 질서'로 함무라비가 택한 것은 법이라는 보편적 원칙을 도입하는 것이었습니다. 하지만 이미 귀족과 평민으로 계급이 구분되어 있고 전통과 관습에 단단히 매여 있는 사람들로 하여금 새삼스레 법이라는 규범을 따르게 하기란 쉽지 않았을 것입니다. '왜 이 법을 따라야 하는가?'라는 의문에 대해 함무라비가 내놓을 수 있는 가장 효과적인 대답은 "신의 뜻이다!"였을 겁니다. 바빌로니아에서 이미 절대적 권위를 인정받고 있고 종교적 금기를 통해 누구나 마음속으로 강한 힘을 인식하고 있는 신의 권위를 끌어오는 것입니다.

하지만 여기에도 문제가 있습니다. 첫째는 함무라비가 신이 아니라는 것을 모두 알고 있다는 점입니다. 함무라비는 성공적인 정복자였지만 적어도 살아생전에는 신격화되지 않도록 주의했는데, 스스로 이러한 한계를 명확하게 인식했기 때문일 겁니다. 둘째는 그 법은 샤마시 신이 만든 것이 아니라는 사실 또한 모두 알고 있었다는 점입니다. 신의 법(피시스)은 이미 신화 속에, 종교 경전 속에 담겨 있고, 함무라비가 만든 법은 그저 인간의 법(노모스)입니다.

이 두 가지 문제를 절묘하게 해결하는 것이 바로 앞의 조각상입니다. 샤마시 신이 법을 만들 권위를 인간인 함무라비에게 부여하여 만든 것이 바로 함무라비 법전임을, 강렬한 시각적 이미지로 설득하는 것이지요. 후대에는 이렇게 "왕의 권위는 신이 부여한 것이다."라는 이데올로기를 왕권신수설이라고 불렀습니다. 신의 법이 인간 세계에 내려앉기 위해 거치는 일종의 중간 단계인 셈입니다.

이런 변화 과정은 역사적으로 정의의 여신상이 형성되고 변화하는 모습을 통해 좀 더 세밀하게 살펴볼 수 있습니다.

정의의 여신, 대지에 서다

세계 4대 문명에 대해 들어 본 적이 있을 겁니다. 저는 어렸을 때 세상에 문명이 고작 네 개뿐이었을까 의구심을 갖기도 했지만 확실히 이 네 문명은 다른 지역에 미친 영향이 남달랐습니다. 특히 이집트 문명은 매우 긴 시간 동안 융성하며 그리스와 로마를 거쳐 서구 전반에 꾸준히 영향을 미쳤습니다. 그리스 신화에 나오는 정의의 여신도 기원을 찾아 올라가면 이집트의 마트(Maat) 여신에까지 이릅니다.

혹시 이 그림을 본 적이 있나요? 「사자(死者)의 서」라고 알려진 그림입니다. 학창 시절 이집트 「사자의 서」라는 것을 세계사 교과서에서 배우면서 동물책인가 했었는데 여기서 사자의 서란 '죽은 이를 위한

영국 대영박물관에 소장된 「사자의 서」의 일부.

책'(Book of the Dead)이라는 의미입니다. 사후 세계의 존재를 믿던 이집트인들이 죽은 이에게 사후에 어떤 일들이 벌어지는가를 알려 주기 위해 무덤에 함께 넣어 주던 일종의 가이드북이라고 할 수 있습니다.

그림을 보면 왼쪽 끝에 흰옷을 입은 사람이, 죽음의 신인 아누비스(우리나라의 저승사자쯤 되려나요?)의 손을 잡고 등장하는데 이 사람이 죽은 사람입니다. 그 옆으로는 그가 곧 겪을 일이 왼쪽에서 오른쪽으로 차례로 한꺼번에 펼쳐집니다. 이집트 예술에서는 하나의 장면에 하나의 순간만 담아야 한다고 생각하지 않았기 때문에 이렇게 그린 것이지요. 순서대로 설명하자면, 먼저 아누비스가 양팔 저울의 한쪽에 죽은 이의 심장을 올리고 다른 쪽에 지혜의 여신 마트의 타조 깃털을 올려 생전에 얼마나 선행을 했는지 잽니다. 만약 선행이 부족했다면 저울 아래의 괴물 암무트가 심장을 먹어 치워 버릴 겁니다. 지식의 신 토트가 그 내용을 기록하고, 부엉이 호루스가 그 결과를 오시리스 신에게 고합니다. 그러면 오른쪽 끝에 앉아 있는 최고 재판관 오시리스가 판결을 내립니다.

마트는 어디 있느냐고요? 오시리스 뒤에 서 있는 여신이 바로 마트입니다. 그 여신의 머리에 꽂혀 있는 타조 깃털을 새가 물어서 저울 쪽으로 가져가는 장면이 함께 묘사되어 있습니다.

생전의 행위가 사후에 판단되어 처벌을 받게 된다는 관념은 전 세계 어디에서나 찾아볼 수 있습니다. 거꾸로 생각하면 현실 세계에서 정의가 제대로 구현되지 못한다고 느끼는 사람이 많기 때문에, 인간이 아닌 신에 의해 사후에 반드시 정의가 구현된다고 강조함으로써 현실 세계의 질서를 유지하려 한 것이라고 볼 수 있습니다. 마트와 반대되는 죄를 카오스, 즉 무질서라 칭한 것도 정의와 질서의 관련성을 잘 보여 줍니다. 사실 이집트어에서 마트는 그 자체로 질서라는 뜻으로 사용되기도 했죠.

아울러 이런 관념은 처벌이란 인간이 아닌 신에 의해 내려지는 것이므로 처벌을 구현하는 권력자를 원망하거나 비판해서는 안 된다는 의미를 지니기도 합니다. 마키아벨리의 표현을 빌리자면 "권력자의 손에 피를 묻혀서는 안 된다."라는 금언을 담고 있는 것이지요.

이런 마트 여신의 이미지는 그리스로 이어져 우리가 익히 아는 정의의 여신 '디케'로 형상화됩니다. 그런데 왜 정의와 관련된 신들은 다 여신인 걸까요? 여러 가지 설이 있고 누가 일부러 만든 이미지가 아닌 이상 정답이 있을 수 없지만, 남성의 공격성, 폭력성과 대비하여

조토 디본도네가 1306년에 그린 작품 일부. 「일곱 가지 덕—정의의 여신」(좌)과 「부정의의 알레고리」(우).

정의, 질서가 여성의 성격으로 이해되었기 때문이라는 의견이 있습니다. 14세기에 활약한 이탈리아 화가 조토 디본도네가 스크로베니 성당에 그린 그림은 남성적인 부정의와 여성적인 정의의 이미지를 잘 보여 줍니다.

또 힘, 전쟁이 파괴적인 반면 정의, 질서는 창조적, 생산적이기 때문에 여신의 이미지를 갖게 되었다는 의견도 있습니다. 대지의 신, 농업의 신, 다산의 신이 다 여성인 것과 마찬가지이죠. 그리스 신화에서는 정의의 여신 디케의 어머니가 질서의 여신인 테미스인데 여기에도 이러한 알레고리가 반영된 것으로 보입니다.

재미있는 것은 디케가 그리스어로 '직분'이라는 의미를 지닌다는 점입니다. 직분은 플라톤이 강조한 말이기도 한데 플라톤은 각자 자신의 맡은 바를 하는 것, 즉 어부는 물고기를 낚고 학생은 공부를 하고 철인(哲人)은 정치를 하는 각자의 직분을 디케라고 불렀습니다.(디케를 정의의 여신 이름으로 했다는 것은, 질서를 유지하는 정의란 기본적으로 현상 유지를 지향하는 보수적 성격을 지니고 있다는 의미가 아닐까요?)

유니콘의 등장

그런데 외국 웹사이트에서 정의의 여신을 검색하려면 dike가 아닌 Justice Lady 혹은 Lady of Justice를 찾아야 합니다. dike라고 입력하면 검색되는 정보가 별로 없습니다. 현재 정의, 법, 사법 제도라는 말로 사용되는 justice가 dike라는 이름을 대신하고 있기 때문입니다. 이렇게 된 것은 로마에 와서입니다.

그런데 라틴어로 '유스티티아(Justitia)'라는 이름을 가졌던 여신은 처음엔 아무것도 들고 있지 않았습니다. 15세기 이후에 와서야 여신은 양손에 '장비'를 갖추게 됩니다.

이 시기는 유럽 전역에 도시 국가들이 늘어나면서 팽창하는 도시의 질서를 세우기 위해 도시 한가운데에 자리 잡은 시청에서, 나중에는 별도 건물로 독립된 법원에서 재판을 진행하던 시기였습니다. 이때 재판의 권위를 세우기 위해「최후의 심판」을 재판부 배경에 그려 넣는 전통이 있었는데, 여기에서 성모 마리아 곁에 자리 잡은 대천사 미카엘은 마치 로마의 정의의 여신처럼 그려졌습니다. 그런데 대천사 미카엘이 칼을 들고 사탄을 응징하는 이미지였기 때문에 자연스럽게 정의의 여신도 칼을 들게 되었습니다. 한편 저울은 이미 이집트「사자의 서」에서부터 나타났던, 재판의 대표적인 이미지라서 들게 된 것입니다.

이제 정의의 여신은 죽은 이를 인도하는 신화적인 이미지에서 권력의 상징으로, 다시 좀 더 구체적인 법과 재판의 상징으로 사람들 곁에 다가가게 됩니다. 오늘날 유럽 도시 어디에서나 정의의 여신상을 쉽게 찾아볼 수 있는 것도 이러한 관념 때문이지요. 하지만 아직 우리가 알고 있는 정의의 여신 이미지 가운데 한 가지가 빠져 있습니다. 바로 눈을 가리고 있는 안대입니다.

안대의 의미는 '눈앞에 누가 와 있는지 보지 않고 공평무사하게 판단한다.'라고 다들 알고 있을 것입니다. 물론 오늘날 흔히 볼 수 있는 정의의 여신상에는 그런 마음으로 안대를 표현했겠지만, 적어도 초기의 안대는 그렇게 좋은 의미는 아니었습니다. 그보다는 법이 제대로 기능하지 못하는 현실을 비판하고 비꼬기 위한 것이었습니다.

15세기 말 세바스티안 브란트가 쓴『바보들의 배』라는 책에 있는 삽화를 보면 법을 농단하는 광대들에 의해 눈이 멀어 버린 정의의 여신이 나타나 있습니다. 인간의 권력과 이해관계에 따라 이리저리 끌려다니며 이용되고, 혹은 부정의에 알리바이를 제공하는 여신의 본모습을 이제 사람들이 모두 알게 된 것입니다. 정의는, 그리고 법은 신의 일이 아니라 인간의 일이라는 것을.

「바보들의 배」에 등장한 삽화.

그럼에도 불구하고 여전히 많은 사람은 법 그 자체에 힘이 있다고 생각했습니다. 이런 힘은 법으로 사회를 통제하려 했던 지배 계층 입장에서는 필수적인 요소이기도 했습니다. 그리스 신화에는 정의의 여신 디케가 불의의 신 아디키아를 칼로 베어 응징하는 장면이 나오는데 바로 이런 강력한 이미지가 필요했지요.

그러니 중세 이래로 '대천사'의 이미지를 얻었던 정의의 여신이 단지 이성과 지성의 상징으로, 혹은 저울을 들고 죄의 무게를 '계산하는 자'의 이미지로 약화되더니 급기야 안대까지 쓰고 조롱을 당하는 것은 법을 적용하고 집행하는 입장에서는 난감했을 것입니다. 그래서 등장한 것이 '유니콘' 이미지입니다. 중세 기독교 문헌들에는 정의의 여신 곁에 뿔을 앞세운 당당한 유니콘을 함께 그려 넣은 그림들이 등장하기 시작합니다.

모레토 다브레시아가 1530년경 그린 「수호성인에 게 추앙받는 성 유스티나」, 유니콘이 나타나 있다.

원래 유니콘은 고대 로마 시대에 켈트족의 종교였던 드루이드교에서 등장한 환상 동물입니다. 전설 속에서 유니콘은 강력한 힘과 마법을 가지고 있으며 순결한 처녀의 무릎에서 잠드는데, 이 처녀의 이미지를 정의의 여신과 결합시킨 것입니다.[*] 이렇게 함으로써 정의의 여신은 이성과 지혜의 이미지를 유지하면서 동시에 법의 강제력도 표상화할 수 있었습니다.

해태의 전설

신화적 동물을 통해 법의 강제성을 각인시키려는 시도는 동서양을 막론하고 보편적으로 나타납니다. 혹시 유니콘의

● 원래 유니콘은 뿔을 갈아먹으면 치료 효과가 있다는 속설만 있었습니다. 그러다가 중교 기독교의 문헌에서 본격적으로 정의의 여신과 결합하면서 법적 강제력의 상징이 되었습니다. 13세기경 출판된 교리서인 『피지올로구스』(Physiologus)를 비롯한 여러 기독교 서적에는 유니콘의 뿔을 그리스도의 준엄한 심판의 상징으로 묘사한 뒤, 순결한 처녀만이 이를 길들일 수 있다고 언급한 부분이 나타납니다.(최종고 『정의의 상을 찾아서』, 서울대학교출판부 1994, 219면.)

30

뿔을 보면서 떠오르는 다른 동물이 없었나요? 우리나라의 해태가 떠오르지 않던가요? 해태는 뿔이 없다고요? 과자 회사의 브랜드가 너무 유명해지다 보니 이런 오해도 생기는군요.

중국에서 만든 해태의 조각과 그림을 보면 모두 머리에 불꽃처럼 날카로운 뿔이 있습니다. 원래 해태는 강력한 힘을 가진 동물로, 죄가 있는 사람과 없는 사람을 가려, 죄를 지은 사람을 뿔로 들이받아 징벌한다고 합니다. 그래서 중국, 우리나라, 일본 등 아시아 각국에 법의 상징으로 자리 잡고 있습니다.

뿔이 강제력과 더불어 정의의 힘을 상징한다는 것은 정의의 '의(義)'라는 글자에 뿔 달린 양의 머리(羊)가 담겨 있는 것에서도 알 수 있습니다. 애초에 '법(法)'이라는 한자 자체에 해태가 담겨 있기도 했죠.

다음 글자는 중국 후한 시기에 나온 자전인 『설문해자』에 나온 법 자입니다. 법이라는 글자가 크게 세 부분으로 구성되었다는 것을 확인할 수 있습니다. 먼저 좌측의 물 수(水) 자입니다. 물은 늘 수평을 유지하는 자연적인 형평, 공평무사를 의미합니다. 아래쪽에는 후에 갈 거(去) 자로 변형되는 상형 문자가 보입니다. 이 글자는 사실 제사상을 차리고 기우제를 지내고 있는 사람의 모습을 상형 문자화한 것입니다. 법이 하늘로부터 내려온 신성한 것이라는 의미로 하늘에 제사를 지내는 모습을 그린 것인데 모양이 비슷한 글자가 없다 보니 후에 갈 거 자로 대치된 것이지요. 어떤 학자들은 이 두 요소를 합쳐서 갈등을 물에 흘려보내는 것이 법의 역할이라는 의미라고 설명하기도 합니다. 하지만 이는 일본어의 관용구 가운데 하나인 '(미움이나 다툼을) 물에 흘려보내다'라는 표현에 착안해서 만들어진, 근거가 부족한 해석으로 보입니다.

그런데 그 위에 좀 복잡해 보이는 글자는 뭘까요? 뿔도 있고 머리와 몸통도 있는 것이 무슨 동물 같지 않나요? 이게 바로 해태 치(豸) 자의 고어입니다. 획이 너무 많고 복잡하다 보니 점차 탈락하고 물 수와 갈 거만 남아서 법(法)이 된 것입니다. 결국 이 글자는 왕의 권한이 신으로부터 왔다고 주장한 여러 상징물처럼, 법에 의한 판단과 처벌은 인간이나 권력자가 아니라 초월적 존재 혹은 신에 의한 것임을 강조하려는 의도를 담고 있다고 할 수 있습니다.

그런데 한번 생각해 봅시다. 이렇게 법적 판단과 그에 따른 처벌이 신에 의한 것임을 강조하려는 자는 누구였을까요? 그런 의도를 수많은 조각과 책과 그림 속에 담은 자는 누구였을까요? 신의 법과 자연의 질서와 거부할 수 없는 운명의 수레바퀴, 거대하고 영원한 원칙들을 이야기하면서 이득을 취한 자는 누구였을까요? 매우 당연하게도 신이 아니라 인간이 아니었겠습니까?

신의 관념, 자연의 질서와 법에 대한 관념 역시 인간이 오랜 세월 동안 어떤 필요로 인해 스스로 만들어 낸 것입니다. 그렇게 만들어진 신의 법을 인간의 법으로 조금씩 끌어내린 것도, 보편적인 관념을 바탕으로 공동체의 질서를 만들어 내기 위해서였지요. 즉 인간의 필요에 의한 것이었습니다.

그러고 보면 법은 신화를 통해 신에게서 인간에게로 내려온 것이 아니라, 처음부터 그리고 언제나 인간들 속에만 있었던 것인지도 모릅니다. 사람들이 신의 이름을 빌려 자기 의지를 관철하려 했을 뿐 신은 거기 있지 않았던 것입니다. 그러니 우리가 던져야 할 올바른 질문은 '이 법이 어디서 왔는가?'가 아니라 '이 법은 누구의 의지로, 어떤 필요와 목적에 따라 만들어진 것인가?'입니다.

02

사람들은 왜 법을 필요로 할까?
/ 저승의 부동산 문서와 인간의 불안

잠에서 깬
왕의 무덤

1971년 6월 25일, 충남 공주 금성동 일대에 자리한 송산리 고분군을 보호하기 위해 배수로 공사를 하던 인부들의 삽 끝에 이상한 돌덩어리가 하나 걸려 나옵니다. 그냥 돌덩어리라고 하기엔 각진 모습이 범상치 않아서 자세히 들여다보니, 측면에 아름다운 장식까지 아로새겨져 있었습니다. 돌덩어리는 인위적으로 만들어진 벽돌(전벽돌)이었습니다. 심상치 않다고 판단한 현장 소장은 작업을 중지하고 공주 박물관장에게 즉시 보고했습니다. 그렇게 백제 왕릉 발굴사에서, 아니 우리나라 왕릉 발굴사에서 가장 큰 획을 그은 무령왕릉 발굴이 시작되었습니다.

이후 발굴 과정은 문화재에 대한 무지에서 비롯한 성급함과 지역민

과의 충돌, 보도 욕심에 눈먼 기자들의 현장 파괴까지 이어진 악몽으로 기억됩니다만 어찌 되었든 무령왕릉은 도굴되지 않은 완벽한 상태로 발굴된 최초의 백제 왕릉으로 수많은 부장품이 쏟아져 백제사 연구에 큰 도움을 주었습니다. 중요한 점은 무령왕릉은 왕릉의 주인과 그의 생몰 연대까지 정확하게 알 수 있는 유일한 백제 왕릉이라는 것입니다. 어떻게 알 수 있었을까요?

무령왕릉은 왕과 왕비의 관이 모셔져 있는 널방과, 그 방으로 이어지는 널길로 구성되어 있습니다. 앞쪽의 널길을 통해 드나들도록 되어 있는데 왕을 먼저 매장하고 나중에 죽은 왕비는 다시 묘를 열어 함께 매장한 것으로 알려져 있습니다. 이 널길 부분을 원래 모습대로 재현한 것을 자세히 살펴보면 이렇습니다. 먼저 눈길을 끄는 것은 한가운데 널방을 지키듯 자리 잡고 있는 돌짐승(석수)인데 그 앞에 녹색 돌판 두 개가 놓여 있습니다. 왕과 왕비의 돌판이 따로 있고 왕의 것은 가로 41.5센티미터, 세로 35센티미터에 두께 5센티미터의 섬록암으로 앞쪽에는 52개의 글자가, 뒷면에는 묘의 방향을 나타내는 간지도가 새겨져 있습니다. 돌판은 묘의 주인이 어떤 사람인지 밝히는 묘지(墓誌) 혹은 지석(誌石)으로, 이 돌판을 해석해 무령왕과 그 왕비가 묻혔다는 것을 확인할 수 있었던 것입니다.

재미있는 것은 왕비의 돌판입니다. 왕비의 돌판 뒷면에 새겨진 내용이 일반적인 묘지석과는 좀 다릅니다. 이해를 돕기 위해 번역문과 함께 옮겨 보겠습니다.

錢一萬文右一件

乙巳年八月十二日寧東大將軍

百濟斯麻王以前件錢詢

土王土伯土父母上下衆官二千石

買申地爲墓故立券爲明

不從律令

일금 일만 냥은 오른쪽 계약 사실의 지불금이다.

을사년(525년) 8월 12일 영동대장군 백제의 사마는

앞으로 기록되는 조항대로 주인이 될 것이다.

돈을 가져야 할 이들은 다음과 같다.

이곳 땅의 왕과 이곳 땅의 맹주(盟主), 이곳에 묻힌 조상들이다.

그리고 매우 낮은 관리인 토하중관들은 이천 석을 받으라.

왕궁의 서남쪽인 신지의 땅을 사서 묘를 꾸미니

그러므로 증서를 작성하였으며

법률에도 구애받지 않음을 밝히는 바이다.

　오래된 비석에 새겨진 글이다 보니 학자마다 해석에 차이가 있지만
대략 위와 같은 뜻입니다. 이것을 토지 매매 증서, '매지권(買地券)'이
라고 부릅니다. 말 그대로 묘를 만들기 위해 땅을 토신에게 구입하는

매매 계약 증서라고 할 수 있습니다. 나라의 주인으로 행세하던 왕이 돈을 주고 묫자리를 사려 했다니 참 재미있는 일 아닙니까? 그런데 이 짧은 글은 파고들어 갈수록 더 많은 것을 생각하게 만듭니다.

매지권의 내용

먼저 첫 줄입니다. 계약의 대가로 1만 냥을 준다고 되어 있군요. 실제로 무령왕릉 안에 있는 왕의 지석 위에는 누런 엽전 꾸러미가 놓여 있었습니다. 말만 그렇게 한 것이 아니라 진짜로 돈을 지불한 것입니다. 더 재미있는 사실은 이 90개의 엽전이 백제에서 쓰던 돈이 아니라 중국에서 사용하던 철제 오수전(五銖錢)이라는 것입니다. 왜 중국 돈을 두었을까요? 이는 무덤에 매지권을 묻는 풍습이 중국에서 왔기 때문으로 추정됩니다. 매지권은 묘권(墓券) 혹은 지권(地券)이라고도 부르는데, 중국 후한 때부터 시작된 풍습으로 땅에도 땅을 다스리는 신들이 있다고 믿는 도교 신앙에서 비롯한 것으로 봅니다. 심지어 중국에는 초상 길을 나설 때 한 사람이 행렬 앞에서 출상하는 길을 신에게 구입하기 위해 돈을 뿌리는 '매로전(買路錢)'의 풍습도 있었다고 합니다.

매지권은 법의식 차원에서 보자면 이렇게 해석할 수도 있습니다. 삶에서 죽음으로 넘어가는 것은 내가 이제까지 살아오던 '정당한' 범위를 벗어나 다른 존재의 관할 지역을 '침입'하는 것입니다. 그러니

이에 상응하는 대가를 치러야 '안전'을 보장받을 수 있지요. 매지권은 이런 고전적인 법 관념을 계약이라는 형식으로 보여 준 것이라고 할 수 있습니다. 일종의 통행세이자 자릿세를 내는 셈이지요. 이는 또한 기득권을 인정하는 자세라고도 할 수 있습니다.

아무리 지상에서 최고의 권세를 누리던 사람이라도 모르는 세계로 들어가는 것은 두려운 일이었겠지요. 사후라는 미지의 세계에 대한 공포를, 지상에서 익숙한 '계약'이라는 형식으로 누그러뜨리려는 노력이 아니었을까요? 미지에 대한 공포와 불안에서 벗어나려는 심리, 예측 가능한 관계 설정에 대한 욕구에서 법은 시작된다는 점을, 이 한 줄의 글에서 읽어 낼 수 있습니다.

그다음 행에서는 계약이 이루어진, 즉 매장이 이루어진 날짜를 밝히고 그 계약 주체가 영동대장군 '사마'(학자에 따라 '사마왕'이나 '사마가 주인이 되다'라고 읽기도 합니다.)임을 밝히고 있습니다. 사마는 무령왕의 이름이니 계약의 주체가 왕 자신인 셈입니다. 그런데 재미있는 것은 무령왕이 죽은 날짜는 계묘년 5월 7일이었고 그때는 무령왕을 잠시 다른 가묘에 묻었다가 묘가 완성된 후 옮겨 안장하면서 이 매지권을 만들었다는 점입니다. 즉, 계약서에 적힌 을사년 8월 12일은 대묘에 안장한 날짜로 이때 무령왕은 이미 죽은 지 2년이 넘은 시점이었습니다. 따지고 보면 죽은 사람이 계약을 맺은 셈입니다. 죽은 사람이 계약과 거래의 주체가 된다는 발상은 어느 시대에건 그리 일반적이지는 않을 것입니다. 현재 우리 민법도 제3조에서 "사람은 생존한 동안 권리와 의무의 주체가 된다."라고 명시하고 있지요. 그래서 어떤 학자는 이 부분을 백제인의 내세관과 연결하여 이승의 삶이 저승의 삶으로 이어진다는 '계세 사상(繼世思想)'의 흔적이라고 주장하기도 합니다.

다음 행에는 저승의 사회 구조에 대한 더욱 구체적인 언급이 나옵니다. 계약의 상대방을 적시하면서 가장 권위가 높은 토왕과 그 아래 제후쯤 되는 토백, 그리고 이미 묻혀 있는 조상신들을 순서대로 등급화하여 돈을 나누어 가지도록 했습니다. 이어서 낮은 관리급인 토하 중관들에게는 돈 대신 2,000석을 가지라고 했는데 2,000석의 쌀, 혹은 그 쌀을 수확할 만한 땅을 지불하겠다는 뜻으로 보입니다. 그런데 쌀의 흔적을 찾아볼 수 없고 딱히 땅도 제시하지 않은 것으로 보아 하급 관리들은 제대로 계약서의 몫을 받기나 했을지 모르겠습니다. 그렇더라도 구구절절 하급 관리들까지 챙기는 모양새가 어째 당당한 계약자라기보다 어려운 상대를 매수하려고 애쓰는 계약자의 모습에 가깝습니다. 사실 민사상 계약이라는 것은 '당사자 간 의사의 일치'가 가장 기본적인 조건인데, 이번 계약은 토왕의 의견은 들을 틈도 없이 왕이 일방적으로 비용과 조건을 내세우는 비정상적인 계약이니 이렇게 조심스러워한 것인지도 모르겠습니다.

사후의 안식을 위하여

가장 재미있고 또 논란이 되는 부분은 맨 마지막

행입니다. 먼저 '신지'라는 말은 신이 사는 곳이라는 멋진 뜻이 아니고 방향을 가리키는 용어입니다. 왕궁을 중심으로 열 개의 간지를 각 방위로 나누어 표시하는 간지도로 볼 때 '신'은 서남쪽 방향이 됩니다. 무령왕의 지석 뒷면에 간지도를 새겨 놓은 것은 혹시 토왕이 방향 표시를 잘못 알아들을까 봐 친절하게 참고 자료를 첨부한 것으로 보입니다. 그런데 왕궁의 서남쪽이라고만 하면 도대체 어디쯤인지 어떻게 알아들으라고 이렇게 표시한 것일까요? 서남쪽 땅이 다 무덤인 것도 아닐 텐데요. 그럴 수밖에 없었던 것은 당시 백제에서 토지를 구획하고 이름을 붙여 장부로 정리하는 '양전' 사업이 제대로 되어 있지 않았기 때문으로 추측됩니다. 정확한 땅의 위치를 표시할 수 없으니 대략 왕궁을 기준으로 방위를 표시하는 수밖에 없었던 것이지요.

그런데 양전이 되어 있지 않다면 토지 거래는 어떻게 했을까요? 안 했습니다. 당시 백제는 '왕토 사상'●에 의거하여 토지 매매가 금지되어 있었습니다. 귀족의 토지 집적을 막으려는 목적이었을 겁니다. 토지가 자꾸 매매되다 보면 결국 돈 많고 세력이 큰 귀족들에게 힘이 기울어 왕의 세력이 약화될 것을 우려한 듯합니다. 그만큼 왕권이 안정적이지 못했다는 뜻도 되겠지요. 뭔가 이상하지 않나요?

그럼 이 매지권은 어떻게 되는 걸까요? 토지 매매가 금지되어 있었

● 전국의 모든 토지가 왕의 것이라는 생각을 말합니다. 왕토 사상은 『시경』(詩經) 「소아」(小雅) 「대북편」(大北篇)에 나오는 "천하에 왕의 땅이 아닌 곳이 없고, 왕의 신하가 아닌 자가 없다."(普天之下 莫非王土 率土之濱 莫非王臣)라는 구절에 나타나 있습니다.

는데 정작 왕은 토왕에게 1만 냥이나 주고 땅을 사는 계약서를 쓴 것 아닙니까? 그래서 매지권의 마지막 문장에 '법률에 구애받지 않음을 밝힌다.'라고 되어 있는 것입니다. 불법이라도 이 거래는 꼭 해야겠고 제대로 성립될 것임을 강조하는 것이지요. 더욱 재미있는 것은 『삼국사기』 26권 「백제본기」 무령왕 6년 기사와 10년 정월 기사 등을 참고로 볼 때 강력한 토지 매매 금지령을 내린 사람이 무령왕 자신이라는 점입니다. 다른 사람들에게는 아무도 거래하지 말라고 금지해 놓고 정작 자신이 죽을 때는 스스로 만든 법을 무시해 가면서까지 계약서를 쓰기로 마음먹을 만큼, 무령왕은 죽음이 두려웠던 것일까요?

이쯤에서 우리는 매지권의 진짜 의미를 되짚어 볼 필요가 있습니다. 죽을 이, 혹은 죽은 이를 위해 국가적 규모의 대공사를 벌여 묘를 만든 사람들에게 가장 두려운 것은 무엇이었을까요? 사후 세계에 앞서 확실하게 두려움을 주었던 것은 바로 살아 있는 사람들로부터 받는 위협, 즉 도굴의 위협이었습니다. 도굴꾼은 인류 역사상 가장 오래된 직업 중 하나로 불릴 만큼 오래전부터 있어 왔습니다. 이집트의 피라미드도 신비와 경이를 제쳐 놓고 보면 도굴꾼으로부터 관과 부장품을 지키기 위한 처절한 노력의 흔적이라고 할 수 있습니다. 매장 직후부터 도굴 위협에 노출되는 왕릉, 특히 통로 형태로 되어 있어 문만 찾아내면 쉽게 도굴을 할 수 있는 백제 무덤의 특성상 도굴은 죽은 이의 안식을 해치는 위협적인 요소였습니다. 실제로 도굴당하지 않고 발견된 것은 무령왕릉 하나뿐이라고 하지요. 지상의 방식인 법적 계약을 통해서라도 얻고 싶었던 것은 사후의 안락과 번영 이전에 묘 자체의 안전과 안식이었던 것입니다. 그 계약을 군이 돌판에까지 새겨 '영원히 변함없도록' 하고자 했던 데에는 계약을 통해 더욱 확실한 안전을 갈구했던, 죽은 이의 마음이 반영된 것은 아닐까요?

과거 사람들은 법에 대해 우리와 다른 초월적 관념을 가지고 있었으리라고 생각하기 쉽습니다. 왕이 신의 자손이며 법이란 신이 내려준 질서라는 믿음을 어떻게 받아들였을까 의아하기도 하죠. 하지만 인간의 힘으로 어찌할 수 없는 문제에 대해 인간 이상의 존재에게라도 힘을 빌리고자 하는 갈망은 예나 지금이나 그리 다르지 않을 것입니다.

무당의 '무(巫)'라는 한자는 하늘과 땅 사이를 매개하는 인간의 모습을 상징합니다. 무당은 엄숙하고 엄격한 종교적 의식을 통해 신과 인간의 만남을 주선합니다. 무령왕릉의 매지권이 갖춘 형식성에는 초월적 존재에게 말을 걸고 어떻게든 그 힘을 빌려 무력하기 짝이 없는 인간의 마음을 달래려는 노력이 담겨 있습니다. 자신이 만든 법을 어겨 가면서까지 신과 계약하려 한 흔적인 매지권은 초월적 존재를 향한 맹목적 믿음보다는 시간의 유장한 흐름 속에 묘의 안전을 보장받기 어려운 인간의 불안을 보여 줍니다. 1,500년 세월을 건너 무령왕릉이 무사히 후손들의 기림을 받게 된 것은, 어쩌면 무령왕이 예를 다하여 바친 1만 냥짜리 계약을 토왕이 무척 만족스럽게 여겨 잘 돌보아 준 덕은 아닐까 하는 생각이 문득 듭니다.

03

실정법은 자연법의 그림자인가?
/ 인생은 시뮬레이션 게임이 아닌 이유

**게임의 법칙과
자연법**

한 학생과 '게임의 법칙'에 대한 아이디어를 나누던 중이었습니다. 요즘 뭔가 재미있는 일은 없는지 물었더니 잠시 생각하다가 이런 말을 하더군요.

"제가 최근에 톰 크루즈가 나온 「엣지 오브 투모로우」라는 영화를 봤는데 그 영화 내용이 자꾸 생각나요."

"어떤 내용이었는데요?"

"주인공인 톰 크루즈가 자꾸 특정한 상황으로 되돌아가서 더 나은 해결책을 찾으려는 시도를 반복하는 내용이었는데 이 영화가 꼭 게임 같아요. 게임에서 중간에 세이브를 해 놓고 실패하면 다시 세이브 지점으로 돌아가서 여러 가지 다른 시도들을 하는 것과 비슷해서요."

"왜 그런 상황을 '게임 같다'고 느꼈을까요?"

컴퓨터 게임을 접해 본 적이 없는 분들을 위해 조금 설명을 하겠습니다. 게임에는 여러 종류가 있습니다. 내가 직접 레이서가 되어 차를 몰고 질주하는 게임부터 농구, 야구, 축구 등을 하는 스포츠 게임도 있고 광선과 미사일을 '뽕뽕뽕' 쏘아 외계인들을 떨어뜨리는 아케이드 게임도 있지요. 중독성이 강하기로는 롤플레잉(role-playing) 게임을 빼놓을 수 없습니다. 롤플레잉 게임은 말 그대로 내가 어떤 역할을 맡아 수행하는 것입니다. 중세 시대 기사가 되어 공주를 구출할 수도 있고 아랍의 암살자가 되어 왕궁에 숨어들 수도 있죠. 여기에서 모험성을 좀 더 강조한 어드벤처 게임이나, 모의 역할 놀이를 강조한 시뮬레이션 게임으로 나뉘어 가기도 합니다. 좀 오래되었지만 '프린세스 메이커' 같은 육성 시뮬레이션 게임은 내가 아빠가 되어 딸을 잘 키워 공주로까지 만드는 게임이었습니다. 또 미소녀들과 연애를 하는 연애 시뮬레이션 게임은 여전히 이웃 나라 일본에서 인기 있는 장르이기도 합니다.

이런 게임들은 대부분 분기점을 따라 진행하게 되어 있어 선택을 잘하는 것이 게임 실력의 핵심입니다. 예를 들어 연애 시뮬레이션 게임의 경우 어떤 여자 캐릭터에게 말을 걸면 '1. 커피 마실래? 2. 영화 보러 갈까?'라는 선택지가 나타납니다. '1. 커피 마실래?'를 선택했는데 여자 캐릭터가 "난 카페인 때문에 커피 싫어해. 너랑은 취향이 다른 것 같구나. 그럼 이만." 하고 가 버리면 연애에 실패하고 게임이 끝나

버리죠. 그럼 어렵게 진행해 온 게임을 모두 망치기 때문에 대개 중요한 선택지에 도달했을 때 플레이어들은 '세이브(save)' 버튼을 누릅니다. 그러면 그 지점이 파일로 남기 때문에 혹시 1번을 선택했다가 실패하면 저장해 두었던 파일을 불러와서 조금 전과 똑같은 상황에서 2번을 선택해서 그 상황을 해결해 나가는 것입니다.

그럼 왜 아까 그 학생은 「엣지 오브 투모로우」를 보면서 게임 같다고 느꼈을까요? 영화에서 주인공 톰 크루즈는 전투에서 죽을 때마다, 전투에 나서기 하루 전날의 시점으로 되돌아갑니다. 전투에 나가서 이렇게 했다가 죽으면, 다시 하루 전으로 돌아가서 이번엔 저렇게 해보고 또 죽으면 다른 방식으로… 이것이 반복되지요. 그러니 이 영화가 게임이라면 전투 하루 전날 시점에서 세이브를 했다고 볼 수 있습니다.

영화에서는 이런 설정이 그리 드물지 않습니다. 대표적으로 「사랑의 블랙홀」이라는 영화에는 아주 밉상이던 어느 기상 캐스터가 똑같은 하루를 끝없이 반복하면서 점점 더 올바른 선택을 하고, 더 나은 방향으로 발전해서 마침내 사랑까지 얻게 되는 이야기가 나옵니다. 그 과정이 전형적인 시뮬레이션 게임의 구성을 따르고 있습니다. 최근 영화로는 시간 여행을 통해 테러를 막으려고 하는 「소스 코드」라든가 「어바웃 타임」, 「레트로액티브」에 이르기까지 '반복되는 시간'이라는 설정은 영화에 상당히 자주 등장합니다.

중요한 것은 이것이 시간 여행이라는 아이디어를 넘어 게임처럼 느꺼졌다는 점입니다. 물론 기본적으로 이런 반복은 현실에서 불가능하기 때문에 그 자체로 비현실적이지만 비현실성만으로 게임 같다는 느낌을 받지는 않았을 겁니다. 이 학생이 희미하게 잡아낸 게임 같다는 느낌에는 이보다 훨씬 중요한 게임의 법칙이 숨어 있다고 생각합니다. 이제부터 그 이야기를 하나하나 풀어 보겠습니다.

자꾸 돌아가서
뭘 어쩌려고?

도대체 영화 속 톰 크루즈는, 그리고 게임 플레이어들은 왜 그렇게 지겹도록 과거로 되돌아가는 것일까요? 그 이유는 당연히 '올바른 선택'을 하기 위해서일 것입니다. 사실 우리는 살면서 매일 매 순간 선택을 합니다. 아침을 먹을까 말까, 커피는 아메리카노가 좋을까 카페 라테가 좋을까, 버스를 탈까 지하철을 탈까… 우리 생활은 이런 선택의 연속으로 이루어져 있고 그 가운데 어떤 것은 인생에 중요한 분기점이 되는 것이라서 내가 그때 다른 선택을 했더라면 어떻게 되었을까 늘 생각해 보게 됩니다. 내가 이 대학, 이 학과에 들어오지 않았다면, 그때 내가 이 회사가 아니라 저 회사를 택했더라면, 이 사람의 청혼을 거절하고 저 사람과 만났더라면 내 인생이 어떻게 달라졌을까 상상해 보지 않을 수 없죠.

게임이 게임이 될 수 있는 이유가 바로 이런 분기점들, 선택의 갈등이 존재하기 때문입니다. 게임에서는 여러 가지 선택이 반복되면서 다양한 경우의 수가 발생해서 최종적으로는 수백, 수천 갈래의 길이 만들어집니다. 그래서 게임 안에서 플레이어는 자유롭게 활동한다고 느끼는 동시에 선택에 대해 고민하고 즐거워하고 실망하는 등의 감정을 느끼게 됩니다. 일반적으로 선택지가 많아서 자유도가 높은 게임일수록 난이도도 높다고 할 수 있습니다. 특히 그 많은 선택지 중에 정답이 하나밖에 없다면 수많은 선택을 모두 하나의 정답에 맞추어야 하기 때문에 확률적으로 매우 어려운 게임이 되지요. 그래서 이런 어려운 게임들을 먼저 '깬' 사람들이 '공략법'을 정리해서 온라인상에서 공유하거나 심지어 책으로 펴내기도 합니다.

우리는 위와 같은 고찰을 통해 역으로 게임이 게임이기 위한 전제 조건으로 '많은 선택지가 있다.'보다, '반드시 하나 이상의 정답이 있다.'가 더욱 중요하다고 생각해 볼 수 있습니다. 그건 당연한 조건입니다. 온갖 선택지만 잔뜩 존재하고 어떻게 해도 문제를 해결할 수 없는 게임이라면 절대로 팔리지 않을 것입니다. 눈을 떠 보니 내가 외계인에게 납치되어 온몸이 결박당한 채 쇳덩어리 관에 갇혀 지하 100미터에 파묻혀 있다 할지라도, 게임이라면 소리를 지르거나 손가락을 꼼지락거리니 땅이 열리든, 발로 관을 걷어차니 숨겨져 있던 추진 장치가 발동되어 땅 위로 솟아오르든 분명히 해결책이 있습니다. 그것이 게임이라면 말입니다.

하지만 실제 삶에서도 그런가요? 여러분은 자신의 삶에 분명히 해답, 해결책(solution)이 있었는데 다만 내가 몰라서 어느 순간 잘못된 선택을 했을 뿐이라고 믿나요? 적절한 선택만 한다면 원하는 모든 결과를 얻을 수 있다고 생각하나요? 부모가 아이에게 적절한 대화와 교육을 제공한다면 정말 아이는 부모가 원하는 대로 자라리라 생각하나요? 여기에 더해 좀 더 심각한 문제가 있습니다. 게임에서라면 여러분이 올바른 선택을 거듭하여 '정답'에 이르면 '엔딩 화면'이 뜹니다. 당신이 드디어 지구를 구했다든지, 긴 여행을 하느라 수고했다든지 하면서 멋진 동영상과 함께 제작한 사람들의 이름이 화면에 뜨지요. 하지만 우리 인생에는 그런 화면이 없습니다. 죽음은 '게임의 성공'보다는 그냥 끝을 의미할 뿐이죠. 그렇다면 우리가 한 선택들이 정답인지, 그것이 가장 바람직한 결과인지 어떻게 알 수 있을까요?

영화 「엣지 오브 투모로우」가 게임처럼 느껴진 이유는 명확합니다. 과거로 돌아가는 것이 현실에서는 불가능하다는 표면적 이유보다 더 중요한 것은, 현실에서는 수천 번을 돌아간다 해도 정답이 존재할지 확신할 수 없으며 애초에 정답인지 아닌지조차 확인할 수 없다는 것입니다.

정답에 대한
갈망

이런 사실은 인간에게 근본적인 불안감의 원천이 됩니다. 어떻게 살아야 제대로 사는 것인지 모르겠고 심지어 지금 내가 하고 있는 행동 하나하나가 옳은 건지 그른 건지, 나는 빛의 한가운데로 나아가고 있는 것인지 암흑의 심연으로 들어가고 있는 것인지 모르는 채 살고 있습니다. 그것은 마치 두 눈을 가리고 나이아가라 폭포 한가운데에 걸쳐진 외줄을 타는 것과 다를 바 없지 않을까 싶습니다. 그래서 사람들은 정답에 대한 믿음을 버리지 않습니다. 이런 믿음은 때로 종교의 형태로 체계화, 제도화되어 나타나기도 합니다.

대부분의 종교는 사람들에게 어떻게 살아가는 것이 올바른 방식인지 제시하고 있습니다. 물론 그 방향은 제각각입니다. 무조건 교주에게 충성하고 교주의 이익을 위해 모든 것을 내놓아야 한다는 식의 주장을 펴는 사이비 종교도 있지만, 사회적으로 인정되는 종교들은 대개 욕심을 버리라든가 이웃과 친하게 지내라든가 가정과 공동체에 헌신하라는 등의 메시지를 주어 사회 윤리와 중첩되는 역할을 합니다. 하지만 이런 윤리는 사회적 차원에서 강조될 만한 것이고, 신앙을 갖는 개인의 입장에서는 믿음을 통해 현세의 성공이든 내세의 행복이든 내가 원하는 어떤 목표에 도달하고 싶은 마음이 가장 클 것입니다. 이렇게 '복을 비는 마음'을 기복 신앙이라고 하는데 어떤 종교에든 담겨 있는 요소입니다.

기복적 차원에서 보자면 종교가 제시하는 방향이란 살아가는 올바른 방식, 내가 원하는 바를 얻기 위한 '제대로 된 길'이라고 이해할 수 있습니다. 이런 '정답'에 대한 믿음, 즉 살아가는 데 절대적으로 올바른 방식이 있다는 생각은 사람들에게 커다란 위안을 줍니다. 우선 이런 지침은 과거에 내가 해 온 행동들이 바른 것이었는지 판단할 근거를 제공하고, 지금 내가 어떤 선택을 해야 할지 가이드라인을 제시하며, 그래서 미래에 올 결과들을 두려워하지 않고 맞이하도록 도와줍니다.

이 과정에서 실제로 원하는 바가 성취되었는가는 오히려 부차적인 문제입니다. 혹 내가 원하는 결과가 이루어지지 않았다 해도 그것은 나의 믿음이 충분하지 않은 탓이거나 '시험'에 들었기 때문이라고 생각할 수 있습니다. 심지어 내가 지금은 상상조차 할 수 없는 어떤 좋은 결과로 이어지는 과정일 뿐이라고 생각할 수도 있지요. 인간은 어차피 정답이 무엇인지 판단할 수 없기 때문에 '신의 의지'만 믿는다면 그 의지의 방향이나 결과에 대해서는 고민할 필요가 없어지는 것입니다. 현세의 마지막까지 좋은 결과가 오지 않는다 해도 후회할 필요는 없습니다. 우리가 알 수 없는 영역인 죽음 이후의 세계가 있기 때문입니다. 천국의 행복이든 아니면 다시 이 세상에 돌아오는 윤회이든 사후에 반드시 보상을 받게 될 테니까요. 필요한 것은 오로지 정답이 존재하리란 믿음, 그리고 내가 믿는 종교가 바로 그 정답을 제시한다는 확신뿐입니다.

저는 종교가 없어서 잘 모르겠습니다만, 확실한 것은 적어도 그런 믿음이 종교인들의 삶을 견고하게 만들어 준다는 점입니다. 그래서 저는 종교가 있는 사람이 부럽다는 생각을 자주 합니다. '정말 세상엔, 삶엔 정답이 있는가?' 하는 문제는 믿음이 가져다주는, 이 불안한 세상에 대한 위안에 비하면 별것 아닌 문제일 수도 있습니다.

하지만 이 글에서는 종교의 문제보다 정답의 문제에 좀 더 집중해 보려 합니다. 눈에 보이지 않지만 세상에 존재하는 거대한 원칙과 질서, 흔히 우리가 '진리'라고 부르는 이것을 법의 영역에서는 '자연법'이라고 합니다. 자연법은 정말 있는 것일까요?

자연법과 실정법

사실 '법'이라는 말 자체에 이미 초월적인 옳음, 진리, 반드시 지켜야 할 절대적인 가치라는 의미가 담겨 있습니다. 연필을 잡는 법, 운전하는 법, 공부 잘하는 법 등 우리가 일상적으로 사용하는 말에는 법이란 가장 올바른 원칙이자 태도를 의미한다는 점이 잘 드러나 있습니다.

서양에서도 이런 사고는 크게 다르지 않았는데 이와 관련해 특히 재미있는 단어는 '로고스(logos)'입니다. 고대 그리스 사람들은 인간이 동물과 다른 점이 무엇인가 하는 문제에 관심이 많았습니다. 동물과 같은 삶을 살지 않고 인간다운 삶을 살려면 먼저 인간은 동물과 다른 존재라는 전제가 성립해야 하기 때문입니다. 잠깐 생각해 볼까요? 인간이 동물과 다른 점, 동물보다 나은 점에는 뭐가 있을까요?

그리스인들은 인간은 말을 할 수 있다는 점에 주목했습니다. 동물들도 몸짓이나 소리로 어느 정도 서로 의사소통을 하는 것은 사실이지만 인간처럼 복잡한 내용을 주고받거나 이를 통해 공동체를 이루고

학습을 하며 문명을 발전시켜 나가는 경우는 없죠. 더욱 신기한 점은 인간은 이런 언어 능력을 타고난다는 점입니다. 물론 아기 때부터 이런저런 경험을 통해 학습하기도 하지만 부모가 무슨 대단한 문법이나 어휘를 가르치지 않아도 일정한 나이가 되면 대개 말은 하지 않습니까? 여러 가지 학습 이론을 접하고 있는 지금 우리가 봐도 여전히 아이들이 입을 떼는 순간은 신기하기만 한데 당시 사람들에게는 이것이 얼마나 놀랍고 대단한 발견이었을까요. 그래서 고대 그리스어로 '말하다'를 의미하는 legein에서 로고스라는 단어가 나오게 되었습니다.

말이 가진 신비는 여기에서 그치지 않습니다. 말은 그냥 소리를 낸다고 되는 것이 아닙니다. 어떤 소리가 반드시 어떤 소리와 만나야 하고 그 소리가 일정한 순서에 따라 배치되어야 비로소 말이 되어 의사소통이 가능해집니다. 즉, 우리가 말을 할 수 있다는 것은 그러한 '질서'가 우리의 바깥에 먼저 존재하고 있었다는 뜻이며 더 나아가 우리가 그러한 질서를 알고 있었다는 의미가 됩니다. 그래서 로고스는 이러한 자연의 질서를 생각하고 논리적으로 이해할 수 있는 능력, 즉 '이성'이라는 의미로 확장됩니다.

여기서 중요한 것은 인간의 바깥에 이렇게 잘 정돈된 질서와 원칙들이 '선험적으로'(a priori) 존재하고 있다는 깨달음입니다. 세계는 마치 잘 만들어진 거대한 톱니바퀴들의 모음처럼 찰칵찰칵 돌아가고 있습니다. 이러한 흐름에 따라 행동하고 살아가는 것이 '옳은' 것인데, 만약 여기에 역행하여 오른쪽으로 돌고 있는 톱니바퀴에서 왼쪽으로 달리려 한다면 '자연히' 궤도에서 이탈하고 처벌과 화를 당하게 됩니다.

이처럼 인간의 바깥에, 인간의 의지와 관계없이 이미 존재하고 있는 신의 의지, 자연적 질서를 '자연법'이라고 부릅니다. 소포클레스의 희곡 「안티고네」에는 당시 그리스인들이 자연법과 실정법에 대해 어떻게 생각하고 있었는지 잘 나타나 있습니다.

마침내 일이 터지고야 말았다. 안티고네(Antigone)가 실정법을 의도적으로 위반한 것이다. 반란을 도모하다가 처형된 그녀의 오빠 폴리니케스(Polynices)의 시신을 매장했던 것이다. 그녀는 노골적으로 테베의 왕이자 그녀의 숙부였던 크레온(Creon)이 정한 법, 그러니까 폴리니케스의 시신을 들판에 방치하고 그 누구도 장례를 지내서는 안 된다는 법령을 보란 듯이 어긴 것이다. 법령을 어겼지만 안티고네는 자신이 소임을 다했다고 느낀다. 심지어 분노한 크레온 앞에서 안티고네는 당당하기까지 했다. "제우스가 내리신 명령은 아니잖아요. 땅의 모든 신들을 다스리는 최고로 정의로운 분이 인간에게 그런 잔인한 명령을 내리신 적은 없으니까요. 저는 사람에게 신성한 법을 어기도록 할 만큼 숙부의 명령이 그렇게 강력한 것이라고는 믿지 않아요."●

● 강신주 「누가 겁도 없이 '안티고네'를 다시 만들려고 하는가?」, 『경향신문』 2013. 2. 17.

안티고네는 실정법을 정면으로 위반하고도 당당하기만 합니다. 숙부가 만든 법, 인간이 만든 법보다는 신의 법이 당연히 우선한다고 믿기 때문입니다. 안티고네는 '정답'이란 분명히 존재하며 자신은 그 정답을 알고 있다고 생각하는 것입니다.

남는 것은 누가 그 진리를 더 많이 아는가의 문제일 뿐이고 이에 따라 사람들의 역할도 자연스럽게 구분됩니다. 더 많이 아는 사람이 공동체를 이끄는 역할을 하고 적게 아는 사람은 생산자나 전사의 역할을 맡아 공동체를 이루어야 한다는 플라톤의 '철인 정치론'도 자연법적 사고에서 비롯한 것이라고 할 수 있습니다. 그리스에서 시작된 자연법사상이 로마의 스토아 철학을 거쳐, 법의 자리를 신으로 대체한 스콜라 철학으로 이어지고 신의 시대로 불리는 중세의 문을 연 것은 당연한 귀결이었을 수도 있습니다. '신의 섭리'에 대한 관념은 어느 시대, 어떤 사람들에게나 존재하던 공통된 생각이었을 테니까요.

하지만 정말 이런 정답, 신의 섭리라는 것이 있을까요? 이건 인간인 제가 생각해 봐야 소용없을 테니 질문을 조금 바꾸어 보겠습니다. 우리의 삶에, 우리가 사는 세상에 정답이 있다고 생각하는 것은 '좋은' 일일까요?

재판은
자판기인가?

다시 법의 문제로 돌아와 생각해 봅시다. 법에 대

해 많은 사람이 갖는 생각도 이와 비슷한 것 같습니다. 사람들은 일반적으로 법에 대해, 복잡하지만 잘 짜여서 매우 정확하고도 무자비하게 작동하는 거대한 기계 이미지를 떠올립니다. 학생들에게 이 부분을 강의할 때는 자판기에 비유해 설명하곤 합니다. 동전을 넣고 원하는 음료수의 버튼을 누르면 덜컥, 하고 음료수가 나오는 자판기처럼 사람들은 법이란 '사실 관계'를 넣고 '재판'이라는 버튼을 누르면 판결이 덜컥, 떨어지는 것이라고 생각한다는 거죠.

중요한 건 그 과정이 전혀 안 보인다는 겁니다. 뭔가 저 철판 안에서 철컥철컥 돌아가는데 그게 뭔지 나는 알 수 없습니다. 그래도 분명히 존재하고 있는 어떤 원칙에 따라 저절로 작동해서 '정확한 결과'가 나온다고 '믿습니다.' 심지어 내가 누른 버튼 위에 샘플로 놓여 있던 콜라와, 최종적으로 나온 콜라는 절대로 같은 것이 아니라는 당연한 사실조차 잊을 만큼 기계에 대한 신뢰는 확고한 것 같습니다. 하지만 과연 법은 확실하고 정확하게 작동하는 진리의 체계일까요? 우리가 잘 이해하지 못할 뿐 치밀한 논리 체계에 따라 예외 없이 정답에 도달하는 기계와 같은 것일까요?

그런 가정이 가능하려면 적어도 인간은 어떤 상황에서도 예외 없이 적용되는 확실한 진리를 '알 수 있다'는 전제가 있어야 합니다. 그래야만 이를 토대로 흔들림 없이 작동하는 법이라는 건축물을 지어 올릴 수 있겠죠. 하지만 진리는 신의 영역입니다. 우리는 인간이기 때문에 가장 당연해 보이는 사실조차 정말 그런지 확신할 수 없는 불완전한 세계에 살 수밖에 없습니다. 「맨 프롬 어스」라는 영화는 이런 우리의 한계를 극명하게 보여 줍니다.

여기 10년간 함께 근무해 온 직장 동료 여섯 사람이 있습니다. 동료 중 한 사람이 갑자기 직장을 그만두고 이사를 가게 되어 송별회를 연 참이었습니다. 그런데 친한 동료들을 두고 왜 이사를 가는지 따져 묻는 말에 대답이 궁해진 이 사람은 돌연 자신이 1억 4,000년 전부터 살아왔다는 충격적인 고백을 합니다. 자신은 절대로 늙지 않기 때문에 친구들이 알아채지 못하도록 10년마다 다른 신분으로, 다른 곳으로 이주했고 그래서 이번에도 떠나야 한다는 것이지요. 친구들은 재미있는 농담이라고 생각해서 장단을 맞춰 주기로 하고 여러 가지 질문을 던집니다. 하지만 처음엔 장난으로 시작한 대화가, 이사 갈 친구의 대답이 논리 정연하게 이어지면서 점점 심각해집니다. 이 친구가 1억 4,000년을 살았다는 것도, 심지어 이 친구가 인간들이 알고 있는 예수라는 것조차 논리적으로는 부정할 수 없게 된 것이지요.

불과 대여섯 명의 배우가 등장해서 이야기를 나누는 게 전부지만 영화는 시종일관 긴장으로 가득합니다. 누군가 자신이 1억 4,000년을 살아온 사람이라고 주장한다면 우리는 아주 쉽게 그게 거짓말임을 밝힐 수 있을까요? 이 영화는 그렇게 당연하고도 쉬워 보이는 일이 실제로는 그리 간단하지 않다는 점을 보여 줍니다. 영화의 등장인물들은 모두 대학 교수입니다. 아마 지적으로 우수한 사람들을 등장시켜야 치열한 논쟁이 가능하다는 생각에서 만들어 낸 설정일 것입니다. 당대 최고의 지성을 인정받는 다섯 명의 교수가 자신의 지식을 최대한 동원하여 온갖 질문을 던졌지만 결국 '논리적으로' 그가 불사의 존재임을 부정하는 데는 실패합니다.

영화에서나 있을 법한 특이한 논쟁일까요? 그렇지 않습니다. 삼단 논법 이야기를 살펴볼까요? 삼단 논법은 일반적 진실을 나타내는 대전제와 구체적 사실인 소전제를 바탕으로 결론을 도출해 내는 논리적 추론법입니다. 삼단 논법의 대표적인 예는 '모든 사람은 죽는다.'라는 대전제에 '소크라테스는 사람이다.'라는 소전제가 더해지면 '소크라테스는 죽는다.'라는 결론이 나온다는 것입니다.

이 당연하고 뻔한 논리적 연결 고리의 핵심은 '모든 사람은 죽는다.'입니다. 정말 모든 사람은 죽나요? 누가, 어떻게, 그것을 확인할 수 있을까요? 여러분 곁에 있는 사람이 10만 년째 허물을 거듭 벗으며 살아온 사람이 아니라고 확신할 근거가 있나요? 경험적으로 모든 사람이 죽는다는 것을 확인하려면 세상 사람들이 다 죽고 마지막으로 내가 죽을 때, 그제야 확인이 가능할 것입니다.

게임과 실제 삶이 다른 점은 게임엔 정답이 있고 또 그것이 정답이라는 사실이 엔딩 화면으로 확인되는 반면, 우리 삶엔 정답이 있는지 없는지조차 확인이 불가능하다는 것입니다. 톰 크루즈가 끝없이 과거로 되돌아가는 이유는 영화에도 엔딩 화면이 있기 때문입니다. 영화도 삶이 아니기 때문입니다. 하지만 우리가 사는 세상의 법은 절대로 완벽하지 않으며 정답도 아닙니다. 자연법의 존재를 부정하는 것이 아닙니다. 인간인 저는 자연법이 있는지 없는지 알 수 없지만, 만약 그것이 믿음의 문제라면 자연법이 존재한다고 믿고 싶습니다. 하지만 자연법이란 관념이 가진 가치는 실정법이 완벽하다고 믿는 근거로서가 아니라, 오히려 실정법이 절대로 완벽할 수 없다는 알리바이를 준다는 점에 있다고 생각합니다. 실정법은 자연법의 진리를 담으려 끊임없이 노력해야 하지만 영원히 그림자에 머무를 뿐 스스로 자연법이 될 수는 없습니다. '옳음'을 확인할 방법이 없기 때문입니다.

실정법은 자연법의 보편성을 닮기 위해 꾸준히 노력해야 합니다. 법의 가장 중요한 목표가 언제 어디서나 보편타당하게 적용될 수 있는 안정된 삶의 그릇, 사회의 틀을 만들고 유지하는 것이기 때문에 법이 영원불멸하기를 꿈꾸는 것은 어쩌면 당연합니다. 하지만 동시에 법은 이카루스처럼 태양에 지나치게 가까이 가서 자신을 불태우는 어리석음을 저지르지 않아야 합니다. 즉 우리는 법이 완벽한 시스템이나 규범이 될 수 없다는 한계를 분명히 인식해야 합니다. 그런 인식의 바탕 위에 비로소 사회 구성원들의 고민과 합의와 반성이 들어설 자리가 열리기 때문입니다.

실정법이 민주주의를 구현하려면 완벽한 진리 체계로 철옹성처럼 버티고 서 있지 말고 시민들이 들어설 공간을 충분히 확보하여 유한한 존재로서 인간과 함께 변화하고 발전하고 때로 사멸하는 과정을 반복해야 합니다. 자연법은 시민들이 실정법의 한계를 설정하고, 법이 맹목적인 믿음의 대상이 되지 않도록 경계하는 근거가 됩니다.

저는 법교육의 목표가 법을 신뢰하고 지키는 시민을 만들어 내는 것이라는 주장에 동의합니다. 하지만 이를 위해서는 끊임없이 법에 의문을 제기하고 그 한계를 지적하며 변화를 모색하는 태도가 반드시 필요합니다. 톰 크루즈처럼 시간 여행을 할 수는 없지만, 톰 크루즈와 마찬가지로 우리는 끝없이 시행착오를 거듭하며 더 나은 삶을 모색해 볼 수 있습니다. 그에게는 중첩되어 있는 시간이, 우리에게는 앞으로 뻗어 있을 뿐입니다. 오히려 고독하게 선택을 반복하는 톰 크루즈와 달리 무엇이 옳은 일인지 함께 이야기하고 고민할 수 있기에, 우리는 게임보다, 영화보다 더 나은 삶을 살고 있다고 할 수 있지 않을까요?

04

자연도 법의 주체가 될 수 있을까?
/ 동물 재판에 담긴 속뜻

**사형 선고를
받은 돼지**

2003년 10월 15일 천성산에 사는 도롱뇽들은 한국철도시설관리공단에서 건설하는 경부고속철도가 자신들이 사는 천성산을 관통하도록 설계되어 생존을 크게 위협한다는 이유로 '고속철도 양산시 천성산 구간 공사 착공 금지 가처분 신청'을 울산지방법원에 제출했습니다. 좀 더 정확히 말하자면 '경부고속철도 천성산 관통 저지 비상대책위원회'가 도롱뇽을 원고로 하고 자신들을 '도롱뇽의 친구들'이란 이름의 대리인으로 내세워 제기한 소송이었습니다. 이 소송은 이른바 '도롱뇽 소송'으로 불리며 많은 사람의 관심을 모았습니다.

당시 이 소송에 대해 들은 사람들의 첫 번째 반응은 대부분 "도롱뇽

중세에 있었던 고양이 재판을 묘사한 그림.

이 무슨 소송을 해? 너무 억지스러운 거 아니냐?"라는 것이었습니다.
아마 여러분도 비슷한 생각을 할 겁니다. 그림 위의 그림에 대해서는
어떻게 생각하나요?

　2001년에 『캐비닛매거진』(Cabinet Magazine)이라는 잡지에 소개된
옛 판화로, 중세 말인 1554년에 있었던 고양이 재판에서 시민들이 고
양이에게 교수형을 집행하는 모습이 담겨 있습니다. 작가 로버트 단
턴은 『고양이 대학살』에서 중세의 이런 고양이 재판을 미시사(微示史)
의 관점으로 심도 있게 분석했습니다.

　1730년대 파리의 인쇄공들은 부르주아에 대한 불만을 그들의 애완
동물인 고양이에게 투사하여 못된 계략을 하나 세웁니다. 밤마다 주

인집 창가에서 고양이 울음소리를 흉내 내어 주인의 잠을 방해한 것입니다. 그 결과 주인은 고양이들을 없앨 것을 명령했고, 인쇄공들은 신이 나서 고양이들을 모두 잡아들였습니다. 애초에 부르주아에 대한 불만이 원인이었으니 그 불만도 풀 겸 고양이 재판을 벌이고 유죄 판결을 내린 후 즉석에서 만든 교수대에 고양이를 매달았다고 합니다. 이런 재판놀이가 반복되다 보니 일종의 정기적인 오락처럼 되어 버렸고 그 결과 고양이 재판이 중세 도시 곳곳에서 폭넓게 이루어졌음을 단턴은 다양한 자료를 통해 증명해 보였습니다.

그래도 여전히 '그건 일종의 모의재판, 연극놀이 같은 것이니 정식 재판으로 볼 수는 없지 않은가?' 하는 의문이 남을 것입니다. 그렇다면 이런 사례는 어떨까요? 다음 그림은 1457년 프랑스 라브뉴이 지방에서 암돼지 한 마리와 새끼 돼지 여섯 마리를 피고로 하여 열린 정식 재판 장면을 묘사한 것입니다. 여기서 돼지들은 아이를 잡아먹었다는 죄목으로 재판을 받았습니다. 아마 돼지들이 혼자 떨어져 있던 아이를 공격한 모양입니다. 법관에 검사, 변호인까지 갖추어진 법정에서 열린 정식 재판에서 어미 돼지는 사형 선고를 받았습니다. 새끼 돼지들은 아직 어리고, 어미가 나쁜 본을 보인 것이며, 어미의 범죄에 가담했다는 증거도 불충분하다는 이유 등으로 무죄 방면되었습니다.

서양의 특수 사례가 아니냐고요? 서양에 이런 기록이 더 많이 남아 있긴 하지만 우리나라에서도 동물 재판이 벌어졌었습니다. 조선 태종 때 일본에서 선물한 코끼리가 사람을 짓밟아 죽이는 사건이 일어납니

1869년 출간된 책(*The Book of Days*)에 실린, 프랑스의 돼지 재판 장면을 묘사한 그림.

다. 이에 병조판서 유정현이 검사가 되어 사람을 죽인 자는 살인죄로 다스려야 한다는 논고 끝에 코끼리에게 사형을 구형했습니다. 재판장인 태종은 코끼리가 보현보살(『법화경』에 나오는 네 보살 중 하나)이 타고 다니던 영물이요, 절도 잘하고 예의를 아는 짐승이니 사형까지는 과하다 하여 형벌을 한 등급 낮추어 외딴섬에 유배하도록 판결한 바 있습니다.

동물 재판 사례는 찾아보면 너무 많아서 신기한 사례만 골라 소개한다 해도 이 책을 가득 채우고도 남을 정도입니다. 현대인의 눈으로 보면 이상하기만 한 동물 재판이 왜 이렇게 성행했던 것일까요? 만약 당시 사람들을 만나 그 이유를 묻는다면 그들은 오히려 이렇게 반문할 겁니다.

"왜 동물을 재판하면 안 되나?"

갑자기 말문이 막히는 기분이 들지 않나요? 왜 동물을 재판하면 안 되는 걸까요? 당장 드는 생각은 '동물은 말을 못 하잖아?'일 것입니다. 자신의 의사를 표현할 수도 없고 판검사의 말을 알아들을 수도 없는 동물들을 데려다 놓고 도대체 재판이 어떻게 가능할 것인가 하는 점이 현실적인 문제로 다가옵니다. 하지만 '말을 못 한다고 해서 지능도 없고 책임도 없다고 할 수 있나?'라는 질문에 대해서는 어떻게 생각하나요?

동물 재판에 관한 가장 오래된 기록 중 하나라고 볼 수 있는 플라톤의 『법률』에서는 동물에게도 행위에 대한 책임이 있으므로 짐을 나르는 짐승이라도 처벌할 수 있다고 분명히 밝히고 있습니다. 사실 플라톤 시대에는 동물뿐 아니라 무생물에도 처벌을 가했습니다. 예를 들어 살인 사건에 관련된 흉기가 있다면 대중 앞에서 탄핵한 후 아테네 바깥으로 추방하는 의식을 치렀습니다. 경기장에 장식되어 있던 유명한 운동선수의 조각상이 관중 위로 넘어져 사람 한 명이 목숨을 잃은 사건이 발생하자, 이 조각상에 대한 재판이 열렸고 그 결과 조각상이 바다에 던져진 일도 있었습니다. '책임이 있다'는 것은 인간이든 동물이든 심지어 무생물이든 예외가 될 수 없고 재판에서는 책임의 유무를 가리므로 이들에게 군이 법을 적용하지 않을 이유를 찾을 수 없었을 것입니다.

더 정확히 말하자면, 당시 사람들은 재판의 대상이 되는 것은 '행위자'가 아닌 '행위 그 자체'라고 보았습니다. 실은 우리에게도 이런 생각은 당연하고 자연스럽습니다. 우리 속담에도 "죄는 미워하되 사람은 미워하지 말라."라는 말이 있지 않습니까? 우리가 재판하고 처벌하려는 대상이 사람의 인격 그 자체가 아니라 잘못된 행동, 실수라면 '살인 사건'이 일어났을 때 주체가 사람이건 동물이건 혹은 무생물이건 사건의 원인인 '살인 행위'를 처벌하려고 시도하는 것은 당연한 일이 아닐까요?

동물이나 무생물이 법 적용 대상에서 제외된 것은 법적 사고가 점차 분화하고 발전하면서 나타난 현상입니다. 특히 법이 종교적, 당위적 가치 차원에서 다루어지던 것에서 목적을 중심으로 사고하는 대상으로 변하면서 그렇게 되었지요. 아주 간단하게 말하자면 '그런다고 해서 문제의 발생을 막을 수 있는가?' 하는 현실적 고려가 개입한 것입니다.

따지고 보면 사람을 다치게 한 조각상을 바다에 던져 넣거나 돼지를 사형시키는 것이 피해자 입장에서 분풀이가 될 수 있을지는 몰라도 현실적으로 그러한 판결 덕에 다른 조각상이 넘어지는 사고가 줄어든다거나 돼지들이 행동을 조심하게 될 가능성은 전혀 없습니다. 재판이 갖는 사회적 효과는 없다 해도 과언이 아니겠지요. 이런 생각이 더욱 확장되면 만약 그 주체가 사람이라 해도 '사회적 비난 가능성'이 없다면 처벌 대상에서 제외해야 한다는 생각으로 나아가게 됩니다. 예를 들어 사리 분별이 안 되는 어린아이가 뭐하는 물건인 줄도 모르고 아버지의 총을 가지고 놀다가 방아쇠를 당겨 동생을 쏘았다면(미국에서 실제로 일어났던 사건입니다.) 혹은 정신적으로 장애가 있는 사람이 다른 사람을 때렸다면 처벌해야 할까요? 또는 매우 정상적인 사람이지만 다른 사람이 머리에 총을 겨누고 협박한 탓에 어쩔 수 없이 누군가를 때렸을 경우 이 사람을 처벌해야 할까요? 이런 경우 상식적으로 그 사람이 저지른 행동에 사회적으로 비난을 가하고 책임을 지라고 요구할 수 없는 상황이므로 비록 범죄를 저질렀더라도 처벌해선 안 된다는 것이 현대 형법의 상식입니다. 이를 '책임성 조각 사유'라고 부릅니다.

그런데 과연 중세 혹은 그 이전 사람들이라고 해서 이런 사실을 몰랐을까요? 그 사람들이라고 해서 정말 돼지를 재판하면 돼지들의 범죄가 줄어들 거라고 믿어서 재판을 했던 것일까요? 여기엔 더 강력한 다른 이유가 있는 건 아닐까요?

모든 것이
신 아래 있도다

주지하다시피 서양에서 중세는 신의 시대, 종교의 시대였지만 서양 혹은 중세만을 특정하지 않더라도 법의 문제는 늘 신의 영역에 관련된 것으로 여겨져 왔습니다. 앞서 신의 법, 자연법이 근대 이후 인간의 법으로 변모해 가는 과정을 살펴보았는데 실은 오늘날의 재판 과정과 재판이 이루어지는 법정 풍경 자체가 법의 종교적 성격을 반영하고 있습니다. 예를 들어 법관들이 입는 법복은 성직자들이 입던 옷의 변형이라고 볼 수 있으며 법정은 성전이나 제단의 모습을 본떠 만들어졌습니다. 중세 초기엔 재판이 평일에 교회에서 이루어지기도 했고 아예 종교 재판소가 만들어져 강력한 영향력을 행사하기도 했습니다.

신의 이름으로 세상에 법을 적용하려는 입장에서 바라보면 인간뿐 아니라 세상 모든 것이 하느님의 피조물인 까닭에 재판 대상에 포함하는 것이 당연했을 것입니다. 그런 재판이 실질적인 기능이나 효과가 없다 해도 재판은 그 자체로 '신의 권능이 미치는 영역'을 표시하는 상징적인 행위와 같았던 것입니다. 그런 점에서 보자면 앞서 언급한 조선 시대의 코끼리 재판 역시 왕의 권능이 매우 진귀한 동물에까지 미친다는 점을 보여 주는 좋은 기회로 여겨 만들어진 이벤트일 수 있습니다.

'모든 것이 신 아래 있다'고 생각한다면 신의 의지를 모든 자연물에 관철하려는 시도를 하는 것은 당연한 일입니다. 인간의 문제를 인간의 법정에서 다루는 것에는 인간이 지니고 누리는 권리가 법적으로, 인간의 합의에 의해 구성된 것이라는 실정법적 사고가 깔려 있습니다. 그러니 반대로 인간을 포함한 모든 사물의 '존재'가 신의 의지에 근거한다고 믿는다면 존재하는 모든 것의 운명에 관한 판단을 신의 의지에 따라, 신의 의지를 확인하고 구현하는 방식으로 결정하는 것은 당연하고도 필요한 과정입니다. 다시 말하자면, 인간의 재판에 동물이나 곤충까지 끌어들여 법적 판단의 대상으로 삼는 것은 그 모든 대상이 '신의 섭리' 아래에 있음을 확인하는 종교적 의식과도 같습니다.

그런데 그런 이유라면 지배 계층의 필요에 의한 것일 텐데, 정작 동물 재판의 과정을 살펴보면 민중들이 먼저 동물 재판을 열 것을 요구한 경우가 많습니다. 따라서 이에 대해 설명이 더 필요합니다. 민중들은 왜 동물 재판을 요구한 것일까요?

약한 인간,
오만한 인간

1519년 북이탈리아에서는 두더지 때문에 피해를 본 농부들이 두더지를 추방해 달라며 법원에 소송을 냈습니다. 1546년 프랑스의 주교령 생장드모리엔에서는 포도 재배 농민이 포도를 먹어 버리는 딱정벌레를 상대로 교회에 재판을 신청하기도 했고, 1713년 브라질의 상안토니우프란시스카 성당에서는 수도사들이 땅을 뒤덮은 흰개미 때문에 살 수가 없다며 흰개미를 고소하는 사건도 있었습니다.

이 사건들의 공통점은 모두 인간이 동물이나 곤충으로부터 피해를 받은 경우이며, 피해자인 인간들이 달리 손쓸 방법이 없는 상태였다는 것입니다. 만약 북이탈리아 농부들에게 두더지를 모두 쫓아낼 방법이 있었다면 법원에 가기 전에 당장 그 방법을 택했겠지요. 프랑스 농부에게 딱정벌레를 박멸할 농약이 있었다면 그 농약을 바로 썼을 겁니다. 그러는 것에 대해 법적 절차를 거치지 않았다고 문제 삼을 사람도 없었을 것입니다. 즉, 그들은 인간의 힘으로 더는 어찌할 수 없는 문제에 대해 최후의 수단으로 동물 재판을 택한 것입니다. 동물 재판을 주로 교회 등 종교 기관을 통해 진행한 것도 인간이 할 수 없는 일을 신이 할 수 있으리라고 기대했기 때문일 것입니다.

어떤 의미에서 동물 재판은 기우제와 비슷하기도 합니다. 신앙심이 깊은 사람이라도 기우제를 지내면 반드시 비가 올 것이라고 믿기는 힘들 것입니다. 하지만 더 이상 다른 방법이 없는 상황이라면 되든 안 되든 기우제라도 시도해 보는 것이 적어도 마음의 위안은 되지 않겠습니까? 집에 불이 나서 애써 모은 재산이 타들어 가고 있다면 그냥 멍하니 바라보고 있기보다 맨손으로 흙이라도 퍼서 뿌리게 되는 것이 인지상정이지요. 그렇게 보자면 동물 재판은 '인간의 나약함'을 보여 주는 증거일 수도 있습니다. 자연 앞에 무력한 인간이 주술적 방법을 써서라도 괴로운 처지에서 벗어나 보려고 몸부림친 것이지요. 게다가 교회의 영향력이 막강했던 중세에는 농민들이 교회의 허락 없이 부적을 쓰거나 다른 주술적 수단을 동원하면 악마나 마녀로 몰려 처벌받을 수 있었습니다. 안 그래도 곤궁한 처지의 농민들은 울며 겨자 먹기로 변호사와 교회에 돈을 들여 가며 재판을 할 수밖에 없었던 거죠. 그래서 이권 때문에 변호사와 성직자들이 동물 재판을 선호한 측면도 있습니다. 그렇게 보자면 동물 재판은 중의적인 차원에서 인간의 나약함을 보여 주고 있다는 생각도 듭니다.

하지만 같은 현상을 정반대로 해석해 볼 여지도 있습니다. 앞서 언급한 딱정벌레 재판의 경과를 좀 더 자세하게 살펴볼까요? 포도밭에 극심한 피해를 주는 딱정벌레를 퇴치해 달라고 농민들이 재판을 신청하자, 판사를 맡은 목사는 "하느님은 지상의 과일과 채소를 모든 피조물이 먹도록 하셨다."라는 이유로 고발을 기각했습니다. 하지만 피해가 반복되자 고발은 이어졌고 요지부동인 판사를 설득하기 위해 농민들은 "포도밭 대신 초원의 사용권을 딱정벌레들에게 주겠다. 그 대신 초원에 있는 우물은 우리가 쓰게 해 주고 전쟁이 날 경우 초원으로 피란 갈 권리만 인정해 달라."라는 중재안을 제시했습니다. 하지만 딱정벌레의 변호를 맡은 변호사는 "의뢰인은 포도를 좋아하며 초원의 식물은 의뢰인의 입맛에 맞지 않으므로 중재안을 받아들일 수 없다."라는 입장을 밝혀 결국 농민들은 패소하고 말았습니다.

딱정벌레를 두고 엄숙한 교회당에서 농민들과 변호사, 성직자들이 모여 재판하는 광경을 상상해 보면 우습기도 하고, 딱정벌레에게까지 변호사를 선임해 주다니 곤충을 존중하고 배려하는 모습이 요즘보다 오히려 낫다는 생각도 듭니다. 하지만 좀 더 근본적인 차원에서 보자면 인간이 불가항력적 피해에 대응하기 위해 인간의 법을 동물과 곤충에게 강제했다는 점에서 세상의 모든 존재가 인간의 법을 따르는 것이 당연하다고 생각하는 '인간 중심주의'가 읽힙니다.

미국의 역사학자 린 화이트는 『구약 성서』의 창세기 편에 나오는 "땅을 정복하고 다스리라."라는 구절을 근거로, 기독교 전통이 있는 서구 사회에서는 인간을 모든 창조물의 군주 자리에 앉히는 인간 중심주의적 사고가 강하게 드러난다고 지적합니다.[•] 때로 신의 이름을 빌리더라도 결국 법을 만들고, 적용하고, 집행하는 것은 인간입니다. 인간의 이름으로 인간의 법정에서 다른 피조물들을 재판하는 것은 자연의 모든 법칙과 정의를 주관하는 '대표적 피조물'로서 인간의 지위를 과시하는 행위라고 볼 수도 있습니다.

앞선 사례에서 재판에 참여한 사람들이 딱정벌레를 재판 대상으로 삼을 수 있고, 또 종교 재판에서 내려진 결정에 딱정벌레들이 따라야 한다고 진지하게 믿었다면, 그들은 단순히 순진한 이들이 아닙니다. 인간의 법이 동물과 곤충에까지 지배력을 발휘하는 것이 가능하고 당연하다고 생각했다면 그들은 나약한 인간이기에 앞서, 지독할 만큼 오만한 인간 중심주의의 신봉자들이라고 보아야 합니다.

인간과 자연, 재판을 통한 대화

1969년 미국 산림청은 자연 보호 구역이었던 캘

[•] White, L. "The historical roots of our ecological crisis.", *This sacred earth: religion, nature, environment*, 1967, 184-193면. 린 화이트는 이 논문에서 기독교적 전통에 입각한 인간 중심주의가 생태계 파괴를 가져왔다는 주장을 펼쳤습니다.

리포니아 주 시에라네바다 산맥 안 세쿼이아국립공원의 미네랄킹 지역에 월트디즈니사가 모텔, 레스토랑 등 대규모 위락 시설을 건설할 수 있도록 개발 허가를 내주었습니다. 환경 단체인 시에라클럽은 이 계획이 가져올 환경 파괴에 대해 강력하게 문제 제기를 하면서 개발로 인해 죽게 될 나무들을 소송 주체로 하고 자신들을 소송 대리인으로 지정하여 개발 중지 명령을 요청하는 소송을 제기합니다. 나무가 소송의 주체가 되었으니 중세의 동물 재판이 현대에 와서 식물 재판으로 확장되었다고 할 수 있겠네요. 연방 대법원까지 올라간 이 사건에서 결국 법원은 나무는 소송의 주체가 될 수 없다며 당사자 적격성을 부정했지만 아홉 명의 대법관 중 한 명인 더글러스 대법관은 다음과 같은 획기적인 소수 의견을 내놓았습니다.

만일 우리가 환경에 관한 문제에 대해 (…) 불도저 등으로 인해 파괴되고 손상되며 침해당한 자연물의 이름으로 연방 법원에 소송이 제기되는 것을 허용하는 연방 법률을 만든다면 당사자 적격이라는 중요한 문제는 단순해지고 명확해질 것이다. (…) 자연의 생태적 균형을 보호하고자 하는 현 시대의 대중적인 관심은 자연물로 하여금 그들 스스로 보호하기 위해 소송을 제기할 수 있도록 이들에게 당사자적 자격을 인정하는 방향으로 이어져야 한다. 따라서 이 소송은 '미네랄킹 대 모턴' 사건*이라고 하는 것이 더 적당할 것이다.**

나무들이 소송 주체로 인정되지는 못했지만 이후 시에라클럽 회원들이 산림 파괴로 인해 심미적 권리를 침해받는 직접 소송의 주체로 인정되어 결국 월트디즈니사의 개발 계획은 백지화되었습니다. 이 과정을 담은 책이 환경법학자인 크리스토퍼 스톤이 쓴 『법정에 선 나무들』입니다.

이 책에는 이외에도 다양한 동물 재판 사례가 담겨 있습니다. 예를 들어 1988년 독일에서는 바다에 버려진 유해 화학 물질 때문에 1만 5,000여 마리의 바다표범이 떼죽음을 당했는데 환경 변호사들이 바다표범을 대신하여 소송을 제기했습니다. 일본에서는 1994년 골프장 건설로 유일한 서식지가 위협받게 된 희귀종 토끼 아마미를 원고로 하여 소송이 제기되었습니다. 일본에서는 1995년에도 희귀종 철새인 큰기러기가 습지를 보호 구역으로 지정해 줄 것을 요구했고 그 소장에는 기러기의 물갈퀴로 찍은 도장이 제시되기도 했습니다.

도롱뇽 소송을 비롯해 현대에 이루어지는 동물 재판들은 과거와는 정반대로 인간이 세상의 유일한 주인이 아니며 다른 동물들과 함께 조화를 이루며 살아야 한다는 것을 주장합니다. 동물 재판이 환경 보

● 우리나라에서는 사건에 번호를 붙여서 구분하지만 미국에서는 사건의 양 당사자가 각자 주장을 펼치며 대결하는 것으로 보아 당사자 이름을 나란히 제시하는 식으로 사건의 이름을 정합니다. 이 사건의 경우 공식 사건명은 시에라클럽과, 산림청의 담당 관리였던 모턴의 이름을 따서 '시에라클럽 대 모턴'(SIERRA CLUB vs. MORTON)으로 붙여졌습니다. 그러므로 더글러스 대법관이 '미네랄킹 대 모턴' 사건이라고 말한 것은 미네랄킹 지역에 서식하는 나무들이 법적 주체로 인정되어야 한다는 관점을 드러낸 것이라고 할 수 있습니다.
●● 크리스토퍼 스톤 『법정에 선 나무들』, 허범 옮김, 아르케 2003, 12면.

호 수단이 된 것이지요. 중세의 동물 재판에서는 포도나무를 갉아먹는 바구미들에 대해 신의 저주와 함께 파문 및 추방이라는 엄중한 처벌을 내렸음에도 불구하고 바구미와 농민들의 삶에 아무런 변화가 없었습니다. 하지만 현대의 동물 재판은 단지 당사자 적격이 부정되는 해프닝이나 웃음거리로 끝나지 않고 실제로 성과를 거두고 있습니다. 시에라클럽은 월트디즈니사의 개발을 저지했고 독일 변호사들은 폐기물 해양 투기를 억제하거나 금지해야 한다는 원칙을 만들어 냈습니다. 더 나아가 홋카이도의 다이세쓰산국립공원 인근의 주민과 환경 단체가 터널 공사를 저지하기 위해 다이세쓰 산에 서식하는 '우는토끼'를 원고로 제기한 소송에서는 30년에 걸친 싸움 끝에 1999년 3월 최종적으로 승소하는 성과를 거두었습니다. 적극적으로 동물의 당사자 적격을 인정해야 한다는 법적 논의도 조금씩 활성화되고 있습니다.

당연한 이야기지만 법을 만들고 운용하는 것은 모두 인간의 일입니다. 인간은 공동체를 유지하기 위해 법의 근거를 신으로부터 빌려와 점차 인간의 이성을 바탕으로 한 법으로 변화시켜 왔고, 다시 자연과 공존하기 위한 성찰과 반성의 수단으로 확장하고 있습니다. 법을 단지 인간의 규범으로 국한하지 않고 세상의 모든 존재와 함께 살아가기 위한 기반으로 삼으려는 이런 시도는, 얼핏 엉뚱해 보이지만 우리 삶을 더 풍요롭게 만들 위대한 실험이 아닐까요?

법의 힘

주먹보다 멀지만, 주먹보다 센

05

법의 형식은 허식인가?
/ 낫 아웃과 증인 선서, 공허한 듯 유용한

죽은 것도 아니고
죽지 않은 것도 아닌

　　　　　　야구는 규칙이 매우 복잡해서 생각할 거리를 많이 던져 줍니다. 여자 친구와 야구를 보러 갔다가 여자 친구가 이해가 안 된다고 자꾸 질문을 해 대는 통에 다투고 끝내 헤어지게 되었다는 '슬픈 사연'이 심심치 않게 전해질 만큼 야구의 규칙은 복잡하고 까다롭습니다. 그래서 서점 스포츠 코너에서는 야구를 '보는 법'을 설명하는 책들을 많이 찾아볼 수 있습니다. 규칙을 얼마나 세세하게 알고 있느냐가 '팬심'의 수준을 가늠하는 기준이 되기도 하죠.

　하지만 어지간한 야구팬이라도 쉽게 이해되지 않는 상황이 2011년 5월 27일 두산 베어스와 한화 이글스의 경기에서 벌어졌습니다. 9회 초 두산이 10 대 9로 앞서고 있어서 이번 한화의 공격만 잘 막으면 승리할 수 있는 상황에서 한화의 주자가 2루에 있었습니다. 볼 카운트는 2스트라이크 1볼, 여기서 투수가 다시 한 번 던진 커브의 낙차가 너무 커서 공이 바닥에 바운드된 것을 포수가 놓쳤지만 다행히 타자는 이 어이없는 볼에 배트를 휘둘러 헛스윙을 했습니다. 그런데 분명 삼진을 당한 타자는 갑자기 1루를 향해 맹렬히 뛰기 시작했습니다. 그와 동시에 2루에 있던 주자도 덩달아 뛰어 홈까지 들어왔고 그사이 삼진 아웃되었어야 할 타자는 3루에 가 있었습니다. 더 신기한 것은 심판들이 모두 모여 한참 협의한 결과 득점과 타자의 3루 진루가 모두 정당했다고 인정한 것입니다. 결국 이 경기는 10 대 11로 역전되어 두산의 패배로 마무리되었습니다. 이 이상한 플레이 한 번에 승패가 뒤바뀐 셈입니다. 도대체 왜 삼진 아웃을 당한 타자는 3루까지 뛰었고, 그것이 왜 인정된 것일까요?

이 신기한 상황을 이해하려면 '낫 아웃(not out)'이라는 규칙을 알아야 합니다. 낫 아웃은 말 그대로 아웃도 아니고 세이프도 아닌, 그러니까 '죽은 것도 아니고 죽지 않은 것도 아닌' 상태, 플레이가 계속 진행되는 인플레이(in play) 상태를 의미합니다. 어렵다고요? 정식 명칭을 들으면 더 좌절할 겁니다. 낫 아웃의 정식 명칭은 '스트라이크 아웃 낫 아웃'입니다.

이 규정의 핵심만 간단히 설명하자면, 낫 아웃은 투수가 세 번째 스트라이크를 던졌을 경우, 그러니까 공이 스트라이크 존으로 들어왔거나 타자가 헛스윙한 공을 포수가 놓쳤을 경우 타자는 아직 아웃되지 않은 것으로 보아 1루로 뛸 수 있다는 것입니다.

이렇게 이상한 규정이 생긴 것은 초기 야구의 규칙이 지금과 많이 달랐기 때문입니다. 초창기 야구는 탁구나 배드민턴처럼 21점을 먼저 내는 팀이 이기는 경기라서 투수는 타자가 잘 칠 수 있도록 공을 토스해 주는 역할을 했다고 합니다. 그런데 타자가 계속 공을 안 치고 버티거나 투수가 나쁜 공만 줄 경우 경기가 한없이 길어지는 문제가 생겼습니다. 그래서 타자가 칠 때까지 공을 던져 주는 방식에서 헛스윙 세 번만 하면 타격 기회를 다 쓴 것으로 보아 무조건 1루로 뛰도록 하는 방식으로 바뀌었다고 합니다. 또 당시엔 포수가 타자의 한참 뒤에서 굴러오는 공을 줍는 역할을 했기 때문에 타자는 헛스윙을 하고 1루로 뛰어도 살 확률이 꽤 높았다네요. 그런데 점차 포수의 위치가 타자의 바로 뒤까지 오게 되자 포수가 세 번째 스트라이크를 잘 받기만 하면 타자가 1루로 뛰어 봐야 살 가능성이 별로 없게 되었습니다. 그래서 포수가 바운드 없이 세 번째 스트라이크를 받으면 타자는 그냥 아웃되는 것으로 규정이 바뀌었습니다. 역으로 그런 이유 때문에 현재 낫 아웃 규정에서는 세 번째 스트라이크가 바운드되면 포수가 공을 놓치지 않았더라도 낫 아웃이 된 것으로 보아 타자가 1루로 뛸 수 있도록 하고 있습니다.

야구에 깊은 관심이 없다면 아마 무슨 말인지 잘 이해가 안 될 겁니다. 너무 마음 쓰지 않아도 됩니다. 제가 낫 아웃에 대해 이야기하고자 하는 것은 '이미 쓸모가 없어진 규칙'이지만 그럼에도 불구하고 여전히 적용되고 있다는 한 가지 사실뿐입니다. 아주 오래전, 야구가 지금의 야구가 아니었던 시절에 만들어져서 이제는 아무런 효용이 없는 규칙을, 더구나 이런저런 예외 상황에 대한 규정까지 덕지덕지 기워 가면서 남겨 두는 이유는 뭘까요?

어떤 이들은 낫 아웃 규정이 현실적으로 필요하기 때문이라는 주장을 펼칩니다. 그 규정이 없으면 포수까지 수비하러 들어가는 사태가 벌어질 수 있다는 것입니다. 포수는 당연히 타자 뒤에서, 그러니까 필드에 들어가지 않고 밖에서 공을 받는 역할만 하는 것이 아닌가 생각할 수도 있습니다. 하지만 만약 규정상 포수가 필드 안에 아예 못 들어가게 하면 타자가 포수 바로 앞에 떨어지는 번트를 댔을 경우 포수는 눈앞에서 빤히 공을 보면서도 수비를 할 수 없는 사태가 벌어질 수 있습니다. 그래서 포수도 필드 안으로 들어갈 수 있게 했습니다. 그러니 만약 낫 아웃 규정이 없다면 포수가 세 번째 스트라이크 공을 받지 않고 미리 내야로 들어와서 수비에 가담하는 사태가 벌어질 수 있으므로 '꼭 공을 받도록' 하기 위해 낫 아웃 규정이 필요하다는 것입니다.

하지만 이런 주장은 설득력이 없습니다. 다른 규정에 포수는 투수가 공을 던진 이후에만 내야로 들어올 수 있으며, 그 전에 자리를 이탈하면 규정 위반, '보크'가 선언되도록 되어 있기 때문입니다. 게다가 공의 빠르기를 생각해 보면 투수가 공을 던지고 나서 타자가 치기까지의 짧은 시간 사이에 포수가 내야로 뛰어들어 가서 수비를 하는 것은 불가능합니다. 낫 아웃 규정이 없더라도 포수가 수비에 가담하는 일은 벌어지지 않을 것입니다. 복잡하다고요? 여전히 결론은 하나입니다. 낫 아웃은 야구 경기 진행에 필수적인 요소가 아닙니다.

더욱 신기한 점은 이것이 우리나라 야구 규칙에 포함되어 있다는 것입니다. 앞서 말했듯 낫 아웃이 남아 있는 것은 오랜 야구 역사 동안 규칙이 지속적으로 변경되는 과정에서 한 번 만들어진 규칙을 특별히 문제가 되지 않는 한 그대로 놔두었기 때문입니다. 인간 진화의 흔적으로 흔히 거론되는, 현생 인류에게는 아무런 의미가 없는 꼬리뼈의 흔적과 같은 것이지요. 오랜 기간 야구 역사를 직접 쌓아 온 미국 입장에서는 이런 흔적이 있을 수 있습니다. 하지만 야구가 현대적 틀을 이미 갖춘 뒤에 받아들인 우리나라가 굳이 이런 흔적까지 받아들인 데에는 역사적 의의가 별로 없습니다.●

낫 아웃의
심리적 효과

별로 효용이 없는, 오히려 많은 사람에게 혼란을 주는 낫 아웃 규정은 왜 여전히 남아 있는 걸까요? 몇 가지 이유를 생각해 볼 수 있습니다.

첫째는 소극적인 차원에서 보자면 없앨 이유나 계기가 그다지 없었

● 미국에서 파울을 포함하여 삼진 규정이 완전히 정착된 것이 1903년입니다. 우리나라에 야구가 소개된 것은, 선교사 질레트에 의해 몇몇 사람이 처음 야구를 접한 시기까지 거슬러 올라가도 1905년입니다. 야구팀들이 생기고 조금씩 틀이 갖추어지기 시작한 것은 1910년대에 와서입니다.

다는 것입니다. 문제가 있으면 당연히 바꾸겠지만 낫 아웃 규정은 그 때문에 야구가 성립되기 어려울 만큼 심각한 문제를 발생시키지 않았기 때문에 굳이 없앨 이유가 없었을 것입니다.

둘째는 오리지널리티(originality)의 동기를 들 수 있습니다. 야구를 외부에서 전달받은 우리나라 입장에서는 '진짜 야구'란 무엇인가 늘 고민할 수밖에 없습니다. 요즘은 메이저 리그 야구 중계를 실시간으로 보는 시대라서 좀 덜하지만 얼마 전까지만 해도 프로 야구 중계 해설자들이 "아, 이런 상황에서 메이저 리그였다면 이렇게 저렇게 했을 텐데요."라는 식으로 '본토의 사정'을 강조하는 것을 쉽게 볼 수 있었습니다. 야구의 본고장인 미국이라면 이런 콤플렉스에서 자유로울 겁니다. 필요에 따라 규칙을 바꾸고 만들고 없애는 게 자연스러울 텐데 '수입국' 입장에서는 '진짜보다 더 진짜 같은' 존재가 되기 위해 디테일도 중요시할 수밖에 없지요.

셋째는 표준화의 압력 문제가 있을 수 있습니다. 야구는 이미 월드베이스볼클래식(World Baseball Classic, WBC)이라는 국제 대회가 정기적으로 열릴 정도로 세계화된 스포츠입니다. 그런데 규칙이 서로 다를 경우 국제 교류에 한계가 생길 테니 아무래도 야구계에서는 가능하면 통일해 가는 쪽을 선호하겠지요.

그런데 이 글에서 주목하고자 하는 이유는 네 번째, 낫 아웃의 심리적 효과입니다. 반칙이나 선수 교체 등의 상황이 아니라면 원칙적으로 게임이 중단 없이 진행되는 축구나 농구와 달리 야구는 플레이가 중간중간 단락적으로 끊겨서 진행됩니다. 이닝과 이닝 사이는 물론이고 아웃과 아웃, 투구와 투구 사이가 모두 끊겨서 토막토막 진행되는 느낌이 들지요. 이런 단락들이 '완성'되기 위해서는 하나의 단락이 마무리되는 계기가 필요합니다. 예를 들어 타자가 공을 치고 나서 수비수가 던진 공보다 빨리 베이스에 '도착'하면 '세이프'가 완성됩니다. 반대로 타자가 친 공이 바닥에 바운드되기 전에 그대로 수비수의 글러브 안으로 들어가면 '플라이 아웃'이 완성됩니다.

낫 아웃의 경우는 어떨까요? 논리적으로는 타자가 2스트라이크에서 배트를 휘둘렀는데 공을 맞히지 못했다면 삼진이 된 것은 맞습니다. 하지만 그 공을 포수가 제대로 받지 못하고 뒤로 흘렸다면 아웃이 '완성'되었다고 볼 수 있을까요? 공격과 수비는 상대적이니 수비 행위에서 아웃이 완성되기 위해서는 타자가 실패하는 동시에 수비 측이 성공해야 하지 않을까요? 이런 시각에서 보자면 낫 아웃은 '아웃의 요건을 갖추었으나 수비 측의 입장에서는 아웃이 완성되지 않은 플레이'라고 볼 수 있습니다. 그렇게 보면 인플레이 상황으로 인정하는 것도, 동시에 투수에게 삼진을 인정해 주는 것도(적어도 투수의 플레이는 성공적이었으니), 혹은 포수가 바닥에 바운드된 공을 잡았을 경우 여전히 낫 아웃으로 인정하는 것도(깔끔하게 플레이를 완성했다는 느낌이 안 들죠?) 이해가 됩니다. 어딘가 모호해 보이지만 낫 아웃 규정이 지금도 지켜지는 가장 큰 이유는 게임을 바라보는 사람들의 이런 심리적 효과 때문일 것입니다.

한번 상상해 볼까요? 2스트라이크 상황에서 투수가 던진 공이 손에서 미끄러져 엉뚱하게 타자의 등 뒤로 날아가 버렸는데 긴장한 타자가 헛스윙을 한 탓에 공은 어디로 갔는지 모르겠는데 어쨌든 타자는 아웃이 되었다, 뭔가 뒷맛이 개운치 않은 장면 아닙니까? 미국에서 낫 아웃에 '세 번째 스트라이크를 놓친 플레이'(uncaught third strike)라는 명칭을 붙인 이유도 이런 '수비의 미완성'이라는 관념을 강하게 드러내기 위해서라고 생각됩니다.

증인 선서의 존재 이유

낫 아웃에 관심을 가진 것은 법 역시 '형식'에 매우 민감하기 때문입니다. 그리고 그 형식들은 낫 아웃처럼 이미 실효성을 잃은, 의미 없는 것들로 치부되는 경우가 많습니다.

대표적인 것이 법정에서 이루어지는 증인 선서입니다. 우리나라 형사 재판 또는 민사 재판에서는 증인이 증언을 하기 전에 증인 선서를 하도록 규정되어 있습니다. 두 재판에 약간 차이는 있지만 대략 "양심에 따라 숨김과 보탬이 없이 사실 그대로 말하고 만일 거짓말이 있으면 위증의 벌을 받기로 맹세합니다."라는 내용을 담고 있습니다. 모든 재판에서 예외 없이 하는 과정인데 사실 이 증인 선서 과정은 실질적으로 큰 의미가 없다고 볼 수 있습니다.

하지만 일반적인 상식에서는 증인 선서에 큰 의미를 부여하고 있습니다. 한 법정 드라마에서 그것을 확인하기도 했습니다. 최근 높은 인기를 얻었던 법정 드라마 「너의 목소리가 들려」 3회에서는 증인 선서와 관련된 흥미로운 에피소드가 등장했습니다. 살인 미수 혐의를 받고 있는 피고인에게 과거에 '왕따'를 당했던 증인이 위증을 합니다. 피고인에게 불리한 내용이었지요. 하지만 피고인의 진심 어린 사과와 변호인의 설득으로 마음을 돌린 증인이 증언을 번복하려 했습니다. 그러자 검사는 지난 재판에서 증인이 증인 선서를 했기 때문에 만약 증언을 번복하면 이전 재판에서 위증한 것을 인정한 셈이 되어 5년 이하의 징역 또는 1,000만 원 이하의 벌금을 받을 수 있다는 점을 상기시킵니다.

증언 번복이 무산될 위기의 순간, 변호인은 형사 소송법 제159조에 있는 '선서 무능력자' 조항을 퍼뜩 떠올립니다. 선서 무능력자란 16세 미만이거나 선서의 취지를 이해하지 못하는 사람을 의미합니다. 이 경우 증인 선서의 효력은 없지만 증언 자체는 효력이 있는 것으로 인정됩니다. 즉, 증언을 할 수 있고 증언을 번복한다 해도 위증죄로 처벌받지는 않습니다. 드라마에서는 증인이 16세 미만으로 선서 무능력자에 해당되어 위증죄가 성립되지 않았습니다. 변호인이 알려 준 이 내용에 용기를 얻은 증인은 증언을 번복하고 피고인은 무사히 혐의를 벗게 되었습니다.

이 에피소드에서는 증인 선서 여부 그리고 증인 선서 능력의 유무가 핵심적인 열쇠로 등장합니다. '선서를 했기 때문에 위증을 하면 안 된다.', 반대로 '선서를 하지 않았거나 할 수 없었다면 위증을 해도 된다.'라는 식으로 논리가 구성되지요. 증인 선서가 매우 실질적이고 중요한 의미가 있는 것처럼 묘사된 것입니다. 과연 그럴까요?

위증죄는 명문상으로는 "선서한 증인이 허위의 진술을 하는" 죄라고 되어 있어서 마치 선서를 하지 않은 증인은 처벌받지 않는 것처럼 이해될 수 있습니다.* 하지만 형사 소송법 제161조에는 다음과 같은 내용이 있습니다.

제161조(선서, 증언의 거부와 과태료) ① 증인이 정당한 이유 없이 선서나 증언을 거부한 때에는 결정으로 50만 원 이하의 과태료에 처할 수 있다.

이 내용에 따르면 증인은 정당한 이유 없이는 선서나 증언을 거부할 수 없습니다. 선서와 증언이 한데 묶여 있는 것입니다. 즉, 애초에 선서를 안 하고 증언만 할 수는 없는 구조입니다. 그러니 증인 선서는 위증을 하면 안 된다는 재판에서의 의무를 이해할 수 있는 지적 능력이 있는지 없는지를 확인하는 데 의의가 있습니다. '선서 무능력자'는 단순히 선서문을 읽을 능력이 없는 사람이 아니라 위와 같은 사회적 책임을 물을 수 없는 사람을 의미합니다. 즉 증인 선서는 신분을 확인

● 형법 제152조(위증, 모해 위증) ① 법률에 의하여 선서한 증인이 허위의 진술을 한 때에는 5년 이하의 징역 또는 1천만 원 이하의 벌금에 처한다.

하는 절차라고 할 수 있지요.

이렇게 보자면 증인 선서는 야구의 낫 아웃처럼 과거 종교가 재판에 강력한 영향을 미치던 시절의 흔적이자 이제는 그다지 의미가 없는 군더더기처럼 여겨집니다. 오늘날 증인의 사회적 책임성은 그저 연령을 확인하고 증언 전에 증인의 역할과 의무를 판사가 상기해 주는 것으로 확보할 수 있을 것입니다. 실제로 어떤 변호사는 독일 법원의 증인 신문을 참관한 후, 법률 관련 소식을 전문적으로 다루는 『법률신문』에 다음과 같은 글을 쓰기도 했습니다.

증인은 선서를 하지 않았으며, 판사가 '최대한 기억을 되살려 진술하고, 만약 위증을 할 경우 제재(penalty)를 받을 수 있다.'고 직접 경고를 하는 것이 인상적이었습니다. 선서보다 판사가 직접 위증의 처벌을 경고하는 것이 위증을 예방하는 데 효과적이지 않을까 생각합니다.●

한편 이 신문에는 이런 기사가 실리기도 했습니다.

서울중앙지법의 한 법정에서 증인이 긴장된 표정으로 재판장 앞에 서서 가슴 근처에 오른손을 들고 증인 선서문을 낭독했다. 다른 법정에서도 비슷한 모습이 이어졌다. 하나같이 오른손을 든 채 선서했다.

● 최규호 「독일 법원의 증인 신문 참관기」, 『법률신문』 2013. 10. 14.

그러나 선서의 방식에 관해 규정하는 형사 소송법 제157조에는 손을 들어야 한다는 문구가 없다. 단지 기립해 엄숙히 하라는 규정이 있을 뿐이다.

대부분의 증인이 손을 들고 선서를 하지만, 판사가 이를 교정해 주는 일은 거의 없다. 오히려 판사가 직접 증인에게 손을 들어야 한다고 하거나 법정 정리가 증인 옆에 서서 오른손을 들게 하기도 한다. 한 증인은 "손을 들지 않아도 되는 줄 몰랐다."며 "법정에 출석하는 것 자체가 스트레스인데 손을 들고 선서하려니 더 긴장되더라."고 말했다.

서울중앙지법의 한 부장 판사는 "소송법에도 손을 들 것을 규정하고 있지 않은데 관행상 손을 들게끔 하는 것은 부적절하다."고 지적했다. 그는 "선서 문구 중 '위증의 벌을 받기로 맹세합니다'라는 부분도 어색하다."며 "처벌 여부를 증인이 정할 수 있는 것도 아니기 때문에 '위증 시 처벌받을 수 있다는 가능성에 대해 인지하고 있다'는 정도의 문구로 바꿔야 한다."고 말했다.●

이 글에서는 오른손을 들고 선서하는 것이 형사 소송법상 규정되어 있지 않다는 점을 지적하고 있는데 뒷부분에 이어지는 판사의 언급과 함께 종합적으로 보면 증인 선서의 형식과 내용이 부적절하다는 인식을 보여 주는 것 같습니다. 선서 절차가 증인에게 부담감만 주고 실질

●　홍세미 「법정 증인 선서 때 반드시 오른손 들어야 하나?」, 『법률신문』 2014. 2. 11.

적 효과는 별로 없다는 생각 때문이겠지요. 사실 우리나라가 미국처럼 성경 책에 손을 올리고 선서를 할 정도로 종교색이 강한 나라도 아니고, 손을 들고 선서하는 것이 우리나라의 고유한 전통인지도 애매합니다. 근본적으로 근대 국가에서 정치와 종교는 엄격하게 분리되는 것이 원칙이라는 점에서 절차를 간소화, 실질화하자는 주장은 분명 타당합니다.

그런데 이 글의 도입에서 증인 선서와는 10만 8,000미터 정도 떨어져 있을 것 같은 낫 아웃을 길게 소개한 것은, 증인 선서라는 형식이 갖는, 모호해 보이지만 분명한 가치를 설명하기 위해서입니다. 앞서 낫 아웃이 이미 다른 규칙들로 대체, 보완되어 이제는 없어도 상관없을 군더더기처럼 보이지만, 그것이 야구의 정체성과 관련된다는 점에서, 좀 더 구체적으로는 게임의 완결성을 높이는 심리적 효과를 지닌다는 점에서 매우 큰 의미가 있다고 설명했습니다. 증인 선서와 같은 법적 형식들이 법의 실질에 미치는 영향도 이와 비슷합니다.

증인 선서는 분명 종교적 표현 형식을 지니고 있습니다. 성경 책에 손을 얹어야만 종교적인 것은 아닙니다. 형사 소송법에서 밝힌 "선서는 기립하여 엄숙히 하여야 한다."라는 선서 형식은 증언이라는 행위가 일상적인 대화와는 다른 차원의 진지함을 필요로 한다는 점을 증인에게 각인시키는 효과를 의도하고 있습니다. 그저 선서 능력자 여부를 가리고 주의 사항을 주지하기 위한 것이라면 그냥 앉은 자리에서 주의 사항을 담은 글을 읽거나 사인을 하도록 하는 것으로 충분할 것입니다.

　증인으로 출석하는 사람들은 대개 가능한 한 깔끔한 정장 차림으로 법정에 들어섭니다. 이 역시 규정으로 강제된 것은 아니지만 평소에 잘 입지 않던 정장을 차려입고 법정을 찾는 증인의 모습은 일요일 아침 가장 좋은 옷을 입고 교회를 찾는 신자를 떠올리게 합니다. 그리고 증인은 증언대라는 무대에 올라 '기립'합니다. 여기서 대개는 오른손을 듭니다. 이 역시 의무 사항은 아니지만 이것이야말로 사람들이 증인 선서의 종교적 성격을 강하게 인지하고 있다는 증거가 아닌가 싶습니다. 왠지 그래야 할 것 같아 저도 모르게 손을 올리게 된다는 것이지요. 고전적으로 이렇게 손을 들어 올리는 행위는 자신이 이제부터 하려는 말을 하늘에 좀 더 가깝게 전달하려는 신호와 같은 역할을 했습니다.

　또 증인은 '이미 정해져 있는' 증인 선서문을 '소리 내어' 읽습니다. 작은따옴표로 강조한 두 가지 특성은 간과하기 쉽지만 매우 중요한 점을 보여 줍니다. 증인 선서문의 내용은 내가 생각해 낸 것도, 판사가 지정한 것도 아닌, 재판이 시작되기도 전에 어떤 거대한 제도, 사회로부터 '미리 정해져' 전달된 것입니다. 증인이 그 글을 '그대로' 따라 읽는다는 것은 더욱 큰 질서에 따르고 그 일부가 되는 것을 받아들이는 행위입니다. 게다가 증인은 이러한 자신의 결의를 '발화'를 통해 재판정에 있는 모든 사람에게 널리 알립니다. 일상에 흔히 있는 일이 절대로 아닙니다. 특별한 옷을 입고, 특별한 동작을 하고, 특별한 글을,

특별히 소리 내어 읽고, 바로 그 글에 덧붙여 사인까지 합니다. 증인에게 부담이 되는 것이 당연합니다. 긴장되지 않는 것이 이상하겠죠. 바로 그 부분입니다. 증인 선서는 그렇게 특별한 형식을 통해 심리적인 긴장과 부담을 주어 증인의 의무가 바르게 수행되도록, 거짓이 아닌 진실만을(truth, whole truth, nothing but the truth!) 밝히도록 하는 중요한 장치입니다.

법정의 형식,
재판의 권위

따지고 보면 법정의 모든 것은 이런 장치들의 집합이라고 할 수 있습니다. 눈을 감고 한번 법정의 모습을 상상해 보세요. 무엇이 가장 먼저 떠오르나요?

아마 대부분의 사람들은 판사가 땅, 땅, 땅 내리치는 법봉을 제일 쉽게 떠올릴 것입니다. 초등학생들을 대상으로 모의재판 수업을 하면 서로 판사를 하고 싶어 합니다. 이유를 물으면 대개 이 법봉을 두드려 보고 싶어서라고 하더군요. 사실 우리나라 법정에서는 법봉을 사용하지 않습니다. 그래서 모의 법정에서는 대개 사무용품점에서 기업의 이사회 등을 진행할 용도로 판매하는 봉을 구입해 사용하곤 합니다. 실제 법정에서 사용하지 않는 법봉을 모의 법정에서 사용하는 것은 문제 있다는 지적도 있지요. 하지만 학생들이 워낙 법봉을 '선호'하기 때문에 모의 법정 수업에서는 법봉을 사용하는 경우가 많습니다. 모의재판에 임하는 학생들에게 실제로 재판에서 법봉을 사용하는지 여부보다 중요한 것은 법봉을 두드림으로써 변경될 수 없는 확실하고도 중요한 결정이 못을 박듯이 단단하게 확정되었다는 '느낌'인 것입니다.

  법정의 배치도 매우 상징적입니다. 대부분의 법정에서 판사는 바닥보다 훨씬 높은 단 위에 자리를 잡고 아래쪽을 내려다보도록 되어 있습니다. 마치 신처럼 법정의 가장 높은 곳에서 아래를 굽어보고 있는 것입니다. 심지어 판사는 법정에 입장할 때조차 일반인들과 다르게 법정 뒤쪽 문으로 들어섭니다. 그 문으로 판사가 들어설 때 누군가 재판정 안의 모든 사람에게 "기립해 주시기 바랍니다."라고 외치는 모습은 강림하는 신을 맞이하는 인간들의 예의를 상기시켜 주는 듯합니다. 판사 바로 앞, 아래쪽에는 재판에서 오가는 대화와 행정적 사항들을 기록하는 재판 사무원과 속기사가 자리 잡고 있습니다. 신의 심부름꾼인 셈이지요. 국민 참여 재판이라면 판사의 옆쪽 약간 낮은 자리에 배심원들이 자리 잡습니다. 교회라면 성가대가 자리 잡는 곳인데 저는 법정에서 배심원석을 볼 때마다 신의 영광을 찬미하는 천사들의 자리가 연상됩니다. 물론 배심원의 역할이 그렇게 종속적인 것은 전혀 아니지만요. 그리고 그 아래의 낮은 곳에 실제 사건의 당사자들이 자리합니다. 일제 강점기의 법정 배치도를 보니 그때에는 검사가 판사와 나란히 앉도록 되어 있었더군요. 국가 기관으로서 검사의 위상을 높이려는 의도가 반영된 배치라고 생각됩니다. 현재는 동등한 당사자로서 피고와 원고, 검사와 변호인들이 나란히 자리 잡도록 하고 있습니다. 즉, 전체적으로 법정의 모습은 신전의 형태를 거의 그대로 옮겨 놓은 형태입니다. 가장 권위 있는 신의 위치에 판사가 자리 잡는 셈입니다. 중세 교회에서 이루어지던 사법 작용이 근대 이후 국가로 이관되면서 이런 종교적 표현 양식이 자연스럽게 이어졌다고 볼 수 있습니다.

법복도 마찬가지입니다. 서양에서 법복은 성직자들의 옷과 매우 흡사합니다. '로브(robe)'라고 부르는 가운 형태의 예복인데 예외 없이 검정색입니다. 영국에서 메리 2세의 장례식 때 법관들이 애도의 표시로 입은 것이 그대로 관행으로 굳어졌다고 합니다. 개인적인 생각으로는 그런 에피소드가 아니었더라도 엄숙, 권위, 무게감을 보여 주는 가장 대표적인 색이기 때문에 검정색이 선택되었을 것 같습니다. 또 로브 안쪽의 안감은 붉은색인 경우가 많았습니다. 중세에 가장 값비싼 안료가 이른바 '쇠물푸레나무'를 깎아서 안료를 뽑아내야 하는 붉은색이라서 성직자들이 고귀한 신분을 강조하기 위해 붉은색 망토를 많이 사용했는데 이것이 법복에까지 이어졌다고 볼 수 있습니다. 다만 귀족들이 성직자들과 똑같은 색을 사용하는 것은 문제의 소지가 있었기 때문에 붉은색을 띠지만 좀 더 중후한 보라색을 사용하면서 보라색이 귀족, 그중에서도 '법복 귀족'(법관직을 세습하던 귀족.『법의 정신』이라는 책을 통해 삼권 분립을 주장한 것으로 유명한 몽테스키외가 대표적인 법복 귀족입니다.)을 상징하는 색으로 자리 잡게 되었습니다. 현재 우리나라 법관들의 법복에도 검정색 바탕에 검자주색 혹은 보라색

라인이 들어가 있는데 이런 전통에 영향을 받은 것이 아닌가 합니다.

영국 법관들이 착용하는 가발인 위그(wig)도 이런 맥락에서 이해할 수 있습니다. 위그가 사용된 유래에 대해 법관들이 대머리를 감추려고 썼다거나, 법정이 추워서 방한구로 썼다는 설이 있는데 이는 농담에 가깝습니다. 자신이 내린 판결 때문에 해를 당할까 봐 익명성을 보장하려고 쓴 것이라는 설은 그럴듯합니다. 하지만 그러려면 차라리 드루이드교 신자들처럼 두건이나 마스크를 쓰는 편이 더 효과적이었을 테고, 가발을 썼다고 해서 지역 사회의 저명인사인 판사를 몰라볼 리는 없다는 점에서 역시 설득력이 부족합니다. 위그 역시 법정에 들어선 판사는 길거리에서 인사하고 대화도 나누던 보통의 인간이 아닌, 사법 제도의 권위를 대변하는 전혀 새로운 존재임을 강조하기 위한 장치라고 보는 것이 타당합니다.

우리나라에서도 가발은 아니지만 한동안 법모를 쓴 적이 있습니다. 일제 강점기에는 구름무늬가 있는 법모를 착용했었고 해방 후 1953년 제정된 법복에 관한 규칙에서는 무궁화 무늬 속에 태극장을 그려 넣은 법모를 착용하도록 했습니다.•

• 현재의 법복은 1998년에 개정된 것입니다. 검정색으로 전통성을 유지하면서 앞단에 법원 상징 문양이 있는 검자주색 양단을 대고 소매 형태, 매듭 장식 등에 한국적인 미를 가미했습니다. 그리고 넥타이는 법원 상징 문양이 직조된 짙은 회색을 매도록 했습니다. 법모와 마찬가지로 넥타이도 상당히 거추장스러운 존재이자 여름철에는 더위를 가중시킨다고 합니다. 2009년에 대한변호사협회에서 여름철에라도 넥타이를 매지 않게 해 달라고 했으나 법정의 권위 훼손을 이유로 거절당한 바 있습니다.

형식은 이미
법의 일부

　　　　　우리는 흔히 형식과 본질은 구분되어 따로 존재하는 것이라고 생각합니다. 그래서 본질과 무관한 형식을 허식이라 하여 가벼이 보고 쉽게 배제하려 합니다. 사람들의 허영심을 지적하는 글에서 심심치 않게 보이는 수사 중 하나가 '원가가 몇 백 원밖에 안 되는 커피를 굳이 비싼 커피숍에 가서 마시는 사람들'이라는 표현입니다. '인터넷에서는 훨씬 싼 옷을 백화점에서 비싼 값에 사는 어리석은 사람들'의 이야기도 단골 메뉴 중 하나죠. 이렇게 말하는 사람들에게는 커피나 옷 그 자체가 본질이기 때문에 본질이 같은 대상에 더 비싼 가격을 지불하는 것이 말도 안 되는 어리석은 행위로 여겨지는 듯합니다.

　하지만 과연 그럴까요? 친구와 커피를 마시는 행위는 오직 신체에 카페인을 보충하기 위해서일까요? 그에 못지않게 친구와 나누는 대화, 분위기, 심리적 휴식과 안정 역시 본질의 일부라고 할 수 있지 않을까요? 아이들과 빨래와 청소로 둘러싸인 가정이라는 일상을 벗어나, 프로방스풍으로 멋지게 장식된 조용한 커피숍에서 가벼운 대화와 함께 커피를 마시는 일에 몇 배의 가치를 부여하는 것은 정말 어리석은 일일까요? 집에서 컴퓨터 앞에 앉아 눈이 뻘게지도록 최저 가격을 검색하는 대신 쾌적한 백화점에서 직접 옷을 만져 보고 입어 보고 또 이 가게 저 가게를 구경하며 기분 전환을 하는 소비 행위에 기꺼이 더 큰 대가를 지불하는 것은 과연 본질을 벗어난 사치와 허영일까요?

재판은 인간이 다른 인간의 운명을 결정하는 과정이라는 점에서 어쩌면 이미 시작 단계에서부터 인간의 한계를 넘어선 어떤 힘의 개입이 반드시 필요한 일일지도 모르겠습니다. 피고인에게 사형을 선고하고 심적 괴로움에 시달리다가 종교에 귀의한 어느 판사도 이런 한계를 절실히 느꼈던 것이 아니었을까요? 판결을 내리는 사람의 마음도 이렇게 개운치 않은데 그 판결을 받아들여야 하는 입장에서는 더더욱 '인간이 내린 결정의 불완전성'에 대한 의구심을 떨치기가 쉽지 않을 것입니다. 하지만 공동체의 존속을 위해서 사법 제도를 통한 갈등 해결과 사회 통합은 반드시 필요한 과정입니다. 그래서 어느 시대, 어느 사회든 법을 만들고 적용하고 집행할 때는 초월적 권위에 기대고자 했습니다. 제도화된 사법 시스템은 역시 제도화된 종교의 힘을 빌려 그 정당성의 무게를 늘리고자 합니다.

신전의 모습을 닮은 법정 배치와 종교 지도자들의 옷에서 힌트를 얻은 법복, 판결의 마지막 순간에 신의 망치처럼 큰 소리를 내며 떨어져 내리는 법봉의 이미지와, 연륜과 권위를 보이기 위해 영국 법관들이 썼던 가발에 이르기까지 법정은 마치 하나의 연극 무대처럼 보이기도 합니다. 이 모든 것이 다 허례와 허식이며 법관들의 역겨운 권위의식의 표현이라고 여길 수도 있습니다. 영국에서는 위그가 시대착오적이고 위압적이라는 이유로, 2008년부터 형사 재판을 제외한 모든 법정에서 위그 착용을 금지하기로 했다고 합니다. 하지만 앞서 신문 기사에서 증인이 증인 선서를 하면서 "손을 들고 선서하려니 더 긴장되더라."라고 말했던 부분을 기억해 볼 필요가 있습니다. 영국이 형사 재판에서만큼은 위그 착용 규정을 남겨 두었다는 것도 곱씹어 보아야 합니다.

형식은 본질을 구성하고, 본질은 형식에 영향을 줍니다. 사법 제도가 국민들에게 더 가까이 다가가고 친근하게 느껴지는 것은 분명 중요합니다. 하지만 그것이 과해져 사법 제도가 완전히 일상적인 행위로 받아들여지고 그 권위를 인정받지 못하는 것 또한 심각한 문제입니다. '친구 같은 교사'가 소통에 좋다고 해서 정말 학생들이 교사를 친구라고 생각한다면 제대로 교육이 이루어질 수 없을 것입니다. 적절한 거리를 유지하는 것이 필요하지요. 마찬가지로 법의 실효성을 확보하기 위해 필요한 법적 권위를 만들어 내는 데 일정한 역할을 하는 법의 형식은 이미 법의 본질을 구성하는 일부입니다.

현생 인류에게는 더 이상 꼬리뼈가 필요하지 않습니다. 하지만 꼬리뼈의 흔적이 없는 사람은 현생 인류라고 할 수 없을 것입니다. 그것은 우리가 동시대 사람들이라는 보이지 않는 표식과 같습니다. 법의 형식이 당장의 필요에 따라 쉽사리 없어지거나 만들어지기보다는, 그것이 오랜 세월 동안 사람들의 뇌리에 각인되어 작동해 온 방식에 대한 고민을 바탕으로, 우리 사회의 법치를 더 튼튼하게 만드는 본질로 대접받고 그러한 인식 위에서 변화가 모색될 수 있기를 바랍니다.

06

법은 강제력이 있을까?
/ 축구 경기장의 흰 선과 법의 힘

배니싱 스프레이의
놀라운 효과

저는 축구에는 관심이 적은 편입니다. 그래도 월드컵 시즌에만큼은 잘 보지 않던 축구 경기도 챙겨서 보게 되더군요. 국가 대항전인 데다가 전 세계적으로 유명한 선수들이 모두 나오는, 올림픽과 함께 가장 큰 스포츠 이벤트이다 보니 아무래도 눈이 가는 모양입니다. 어떤 글에서는 축구가 서로 땅따먹기를 하면서 최종적으로 골에 도달하는 게임이라는 점에서 전쟁과 가장 닮았기 때문에 사람들을 흥분시키는 것이라고 하던데 저는 그보다는 순간순간의 멋진 플레이에 더 매료되는 편입니다.

그래서 축구에 자주 등장하는 몸싸움이나 반칙에는 눈살을 찌푸리게 됩니다. '전쟁'의 맥락에서 축구를 본다면 이 또한 게임의 요소라고 생각할 수 있겠으나 '플레이'의 맥락에서 보는 제 입장에서는 재미를 반감시키는 요소일 뿐입니다.

축구에서는 심판의 역할이 매우 중요합니다. 그런데 2014년 브라질 월드컵 개막전인 브라질과 크로아티아의 경기를 보던 중 신기한 광경을 보게 되었습니다. 크로아티아가 반칙을 해서 브라질이 크로아티아의 골대 근처에서 프리 킥을 얻은 상황이었습니다. 크로아티아 수비수들은 벽을 쌓고 브라질 선수들은 이를 무너뜨리기 위해 서로 몸싸움을 벌이는 와중에 니시무라 주심이 갑자기 주머니에서 스프레이를 꺼내 그라운드 위에 하얀 선을 긋는 것입니다. 궁금한 마음에 검색을 해 보니 저처럼 궁금해한 사람이 많았던지 이미 여러 기사에서 설명을 했더군요. '배니싱 스프레이(vanishing spray)'라는 것이었습니다.

배니싱 스프레이는 말 그대로 바닥에 하얀 선을 그려 두면 잠시 후에 '사라져 버리는' 스프레이입니다. 축구 규칙상 프리 킥을 찰 때 상대 선수가 너무 가까이에 서 있으면 앞으로 공을 찰 수가 없기 때문에 9.15미터 이상 떨어진 곳에 수비수들이 벽을 쌓을 수 있도록 합니다. 그러나 수비수들은 한 걸음이라도 이 거리를 좁혀야 상대편이 공을 차는 각도를 줄일 수 있기 때문에 심판의 제지에도 불구하고 앞으로 슬금슬금 나가려고 합니다. 그러면 공격수들은 항의하게 되고 그 과정에서 경기가 계속 지연되는 문제가 있었습니다. 심지어 수비수들이 하도 말을 안 들으니까 심판이 직접 몸으로 선수들을 뒤로 밀어내는 사태도 종종 벌어졌고, 그렇게 밀어내도 공을 차기 직전에 선수들

2014년 프리미어 리그의 축구 경기에서 심판이 배니싱 스프레이를 사용하는 모습.(이미지: Egghead06)

이 앞으로 달려 나가는 일도 있었습니다.

배니싱 스프레이는 이런 사태를 막고 경기 시간을 단축하기 위해 심판이 재량껏 사용할 수 있도록 한 것으로 심판은 프리 킥 지점에서 9.15미터 떨어진 곳에 하얀 선을 그을 수 있습니다. 경기에 지장이 없도록 잠시 후에 사라져 버리는데 잔디나 인체에도 해가 없다고 합니다. 배니싱 스프레이는 2012년 국제축구평의회(IFAB)에서 정식 승인되어 2013년 터키에서 열린 20세 이하 청소년 월드컵에서 본격 사용됐는데 월드컵에서는 브라질 대회부터 도입되었습니다. 국내 프로 축구 리그인 K 리그에서도 2013년 아시아 최초로 도입해 효과를 봤다고 합니다. 한국프로축구연맹이 2013년 K 리그 1라운드 일곱 경기를 분석한 결과, 프리 킥 선언 후 경기 재개까지 평균 1분가량 걸리던 시간이 평균 20초대로 줄었다니 정말 효과가 대단한 '신무기'입니다.●

법을 공부하는 입장에서 제가 흥미로웠던 것은 바로 이 부분, 잠시 후면 사라져 버릴 하얀 선이 어떻게 그렇게 큰 힘을 발휘할 수 있었을까 하는 점입니다. 한 걸음이라도 앞으로 나가기 위해 심판과 몸싸움도 불사했던 맹수 같은 선수들이 하얀색 스프레이 거품 앞에 유순하게 일렬로 줄을 맞추는 모습은 신기하기까지 합니다. 배니싱 스프레이의 힘이 어디서 오는 것인지 살펴봄으로써 법이 갖는 힘의 원천을 생각해 볼까요?

본때 보이기의
한계

강의를 할 때 "법이라는 규범이 가진 가장 큰 특성은 뭐라고 생각하시나요?"라는 물음을 던지면 십중팔구 "법은 강제성이 있다."라는 대답이 돌아옵니다. 그런데 제가 "정말 법이 강제성이 있나요?"라고 되물으면 당황하는 사람이 많습니다.

● 김형준 「그라운드에 칙, '배니싱 스프레이' 정체는?」, 『한국일보』 2014. 6. 15.

운전자라면 작든 크든 도로 교통법을 위반해 본 경험이 있을 겁니다. 불법 유턴이나 차선 위반, 속도위반을 한두 번은 해 보았을 것입니다. 운전을 하지 않는 사람이라도 차가 별로 다니지 않는 도로에서 좌우를 한번 휘휘 둘러보고 무단 횡단을 한 경험은 분명 있을 겁니다. 그렇게 법을 위반했을 때 모두 처벌을 받았나요? 몇 번 걸린 적이 있을 수는 있지만 제 질문의 핵심은 '모두'입니다. 만약 법에 강제성이 있다면 여러분이 법을 위반했을 때 그 강제성이 번번이 발동되었어야 합니다. 불법 유턴으로 중앙선을 넘은 타이어는 펑크가 나고 무단 횡단을 한 순간 건너편 전봇대에서 벌금 고지서가 튀어 나왔어야 하지 않을까요? 말장난처럼 느껴질 수도 있지만 이런 상상은 매우 중요한 사실을 보여 줍니다. 법이 강제력을 발휘하는 것은 사실입니다. 법을 어기면 벌금을 내야 하거나 심한 경우 감옥에 가거나 사형을 당할 수도 있죠. 하지만 이런 강제력을 행사하는 '주체'가 법은 아닙니다. 법 그 자체에 강제력이 있는 것이 아니라 법과 별도로 존재하는 권력으로부터 강제력이 나오며, 법이 실현되려면 이러한 권력에 '의존'해야 한다고 말하는 것이 더 정확합니다. 달리 말하자면 법에는 아무런 강제력이 없습니다. 사실 아주 당연한 말입니다. 종이에 쓰인 조항의 목록일 뿐인 법이 어떻게 실재하는 세상에 영향력을 끼칠 수 있겠습니까? 만약 조항 자체로, 규정을 만드는 것만으로 힘을 발휘하는 법이 있다면 그건 인간의 법이 아니라 '마법(魔法)'이라고 불러야 마땅합니다.

그럼 법이 강제력을 지니도록 하려면 어떻게 해야 할까요? 우선 생각나는 것은 '외부'에서 법을 지키도록 힘을 행사하는 것입니다. 누군가 중앙선을 침범하면 경찰이 벌금을 물리고 다른 사람의 물건을 훔치면 경찰이 체포하는 방식, 우리가 법 하면 가장 먼저 떠올리는 강제의 방식이 그것입니다. 하지만 이런 방식이 과연 얼마나 효과가 있을까요?

누군가 사거리에서 좌회전을 하다가 실수로 차선을 위반해 경찰 단속에 걸렸다고 가정해 봅시다. 경례를 하며 면허증 제시를 요구하는 경찰관에게 사람들은 흔히 어떤 반응을 보일까요? 경우에 따라 다르겠지만 아마 맨 처음엔 "어, 제가 위반했어요? 전 제대로 차선 잡은 줄 알았는데… 잘 몰랐어요."일 겁니다. 그다음엔 "에이, 살다 보면 실수할 수도 있지요. 한 번만 봐주세요, 네?" 하고 '읍소 모드'로 진행할 겁니다. 여기서 경찰관이 단호한 태도를 보이면 '항변, 비난 모드'로 돌변해서 "나만 그랬어요? 저기 저 사람들, 아, 방금 저 빨간 차도 위반했네. 저 사람들은 왜 안 잡고 나만 잡아요? 잡으려면 다 잡아야지, 재수 없이 걸린 사람만 처벌하면 그게 법이에요? 제비뽑기지!" 하는 식으로 반응하기도 합니다.

좀 뻔한 이야기이긴 하지만 마지막 주장에는 새겨들을 만한 부분이 있습니다. 물론 경찰관은 "그렇다고 차선 위반을 안 하신 건 아니잖아요? 위반하신 거 맞죠? 면허증 주세요."라고 말할 것입니다. 맞는 말이지만 법 위반에 대한 처벌이 일관성 없게 이루어진다면 사람들이 '걸리지만 않으면 된다'는 생각을 갖는 것을 피할 수 없습니다. 즉, 법의 강제성을 외부적 규제로만 구하려 하면 현실적으로 모든 위반에 대해 처벌하는 것이 불가능하다는 근본적인 한계를 감수해야 합니다. 적어도 '대부분' 처벌되어야 최소한의 강제성을 확보할 수 있을 텐데 위법 행위 중 실제로 처벌받는 비율이 얼마나 될까요? 넉넉히 잡는다 해도 열에 하나나 둘 정도가 아닐까요?

이렇다 보니 한번 위반을 단속할 경우 강한 처벌을 가해서 다른 사람들에게 본보기로 삼으려는 경향이 생겨납니다. 일벌백계, 정문일침이라고도 하는 이런 '본때 보이기'를 형법 이론에서는 '일반 예방 효과'라고 합니다. 그 의미를 잘 이해하려면 '특별 예방 효과'와 비교해 보면 됩니다. 법에서 '특별'이란 special이라기보다는 specific, 즉 특정한 대상이나 사건에 대한 것을 의미하는데, 형벌의 특별 예방 효과란 벌을 받을 바로 그 특정한 사람이 저지를지 모르는 범죄를 예방하는 효과를 말합니다. 주로 범죄자를 교화하거나, 범죄를 저지를 의지를 갖지 않도록 만드는 효과를 의미합니다. 반면 일반 예방 효과는 범죄를 저지른 당사자 이외의 모든 사람, '일반인'들을 대상으로 형벌이 범죄를 예방하는 효과를 말합니다. 아무래도 누군가 강한 처벌을 받는 것을 보면 '아, 범죄를 저지르면 안 되겠구나.' 하는 생각을 갖게 되겠죠. 근대 이전에 사형수를 공개 처형하거나 죄인의 목을 베어 사람들이 많이 다니는 곳에 걸어 두는 '효수'와 같은 방법을 택한 것도 일반 예방 효과를 극대화하기 위해서라고 할 수 있습니다. 지하철에서 표를 끊지 않고 탑승했다가 적발되면 탑승권 가격의 50배에 해당하는 벌금을 물리는 것도 비슷한 맥락입니다.

문제는 처벌을 강화하는 데도 한계가 있다는 것입니다. 조선 시대에는 가장 중대한 범죄가 왕의 통치권을 위협하는 대역죄였는데, 대역죄를 저지른 범인에게는 삼족을 멸하는 벌, 즉 당사자뿐만 아니라 삼대에 걸쳐 모든 가족을 죽이는 처벌을 가했습니다. 중국의 경우 구족을 멸하기도 했습니다. 이 정도면 한꺼번에 수백 명에서 수천 명의 무고한 사람들을 모두 희생시키는 가장 강력한 처벌이라 할 만합니다. 그럼에도 불구하고 조선에서도 중국에서도 반역은 끊임없이 벌어졌습니다. 처벌은 당장 닥친 일이 아니기 때문에 처벌보다 더 강력한 이득이 예상된다면 법을 위반하고 싶은 생각이 들게 되고 또 처벌에 대한 공포는 시간이 갈수록 무뎌지기 때문입니다.

축구 이야기로 돌아와 봅시다. 심판은 어떤 선수가 반칙을 할 경우 프리 킥이나 페널티 킥을 선언하여 처벌을 가할 수 있고, 반칙 정도가 심한 경우 옐로카드나 레드카드를 제시하여 선수를 퇴장시키고 다음번 경기에 출전하지 못하도록 제재할 수도 있습니다. 하지만 이런 외부적 제재는 앞서 이야기한 한계를 고스란히 가지고 있습니다. 축구 경기에서는 그라운드 안의 주심과 양쪽 선상의 선심 두 명을 포함하여 총 세 명이 선수들을 지켜보고 있지만 스물두 명의 움직임을 모두 잡아낼 수는 없기 때문에 심판이 보지 않는 곳에서 끌어당기고 걸어차고 심지어 꼬집거나 때리는 등의 반칙이 계속 일어난다고 합니다.

이 반칙들을 일일이 다 잡아낼 수 있다고 해도 문제는 여전합니다.

모든 위반 행위에 제재를 가한다면 과연 축구 경기가 제대로 진행될 수 있을까요? 경기 흐름이 계속 끊기는 것은 물론 여기저기서 옐로카드와 레드카드가 휘날리면서 열한 명이 온전히 경기를 끝내는 것을 보는 일이 드물어질지도 모릅니다. 설령 모두 제재한다 해도 여전히 반칙을 하는 선수들은 있을 겁니다. 프리 킥 최소 거리인 9.15미터를 유지하기 위해 몸으로 선수들을 제지하는 심판마저도 밀치며 앞으로 달려 나가는 일이 수시로 벌어졌듯이 말이죠.

이렇게 외부적 통제가 한계에 부딪쳤을 때 고려해 볼 만한 것은 내부적 통제, 즉 선수 스스로 규칙을 지키도록 하는 것입니다.

흰색 선의
구체성과 명확성

원론적으로 내부적 통제는 선수들의 윤리 문제로 환원해서 말할 수 있습니다. 즉, 선수들이 축구 규칙에 공감하고 그 중요성에 동의해서 스스로 규칙을 지켜야겠다는 생각을 가져야 합니다. 조금 멋있는 말로 표현하자면 '스포츠맨십(sportsmanship)'이 있어야 합니다. 그러나 이런 원론적인 설명이 답이 될 거라고 생각하는 사람 또한 별로 없을 것입니다. 축구 선수 중에 정말 축구 규칙이 중요하며 필요하다는 것을 몰라서 위반하는 선수가 몇이나 있겠습니까? 직업으로 축구를 하는 프로 선수들이라면 세세한 규칙까지 당연히 알고 있을 것이고 또 오랜 경험을 통해 규칙의 중요성과 필요성도 체득하고 있을 겁니다. 그럼에도 불구하고 승리를 위해 순간순간 규칙을 위반하게 되는 것이 현실에 가깝지 않겠습니까?

이런 선수들 앞에 심판이 스프레이로 그어 놓은 하얀색 선은 도대체 어떤 의미가 있을까요? 다른 사례를 통해 생각해 보겠습니다. 벽돌을 쌓아 집을 짓는 경우를 한번 생각해 봅시다. 요즘은 철근 콘크리트 건물이 일반적이라서 이런 풍경을 찾아보기 쉽지 않지만 벽돌이나 시멘트 블록을 쌓아 집을 지을 때는 먼저 땅을 평평하게 고른 후 설계대로 바닥에 먹줄로 선을 그어 놓습니다. 아이들 장난 같아 보일 수 있지만 이 먹줄은 집을 짓는 데 아주 중요한 역할을 합니다. 대개 설계를 하는 사람과 벽돌을 쌓는 사람은 서로 다른데 설계도만 전달하면 실제 땅 위에 벽돌을 쌓는 사람의 입장에서는 뭘 어떻게 해야 할지 애매할 수 있습니다. 또 그 나름대로 똑바로 쌓는다고 쌓아도 중간중간 틀어지거나 심지어 엉뚱한 방향으로 쌓을 수도 있을 겁니다. 바닥에 그려진 먹선은 벽돌을 쌓는 사람이 지켜야 할 선을 구체적이고 명확하게 제시함으로써 이런 불확실성들을 제거해 줍니다. 마찬가지로 선수들 앞에 그어진 선은 선수들이 지켜야 할 규범의 한계를 구체적이고 명확하게 제시해 줍니다. 그래서 엄청난 효과를 발휘하는 것입니다.

법에서 이러한 명확성은 아주 중요합니다. 예를 들어 '아이들에게는 술을 팔면 안 된다.'라는 규범에 대해 생각해 봅시다. 상식적으로야 아무 문제 없는 원칙인 것 같지만 조금만 더 생각해 보면 대단히 애매한 법입니다. 우선 '아이들'의 기준이 뭘까요? 몇 살부터 몇 살까지를 아이라고 할 수 있을까요? 사회적으로 대략 고등학생까지 미성년자로 보니까 '고등학생 이하'라고 하면 어떨까요? 자식들을 다 키워서 시집, 장가 보내 놓고 공부를 시작한 늦깎이 고등학생 할아버지가 친구들과 함께 간 대폿집에서 쫓겨나는 사태가 벌어질지도 모릅니다.

그럼 학년이 아닌 나이로 '19세'라고 정하면 될까요? 나이라는 게 정하기 나름이라서 서양 사람들은 태어나서 첫 생일이 지나야 한 살이라고 부르지만 우리나라에서는 태어나자마자 한 살이라고 부릅니다. 앞의 것을 '만 나이' 혹은 서양 나이(western age), 뒤의 것을 '우리 나이'(Korean age)라고 부르기도 합니다. 그럼 같은 19세라고 할지라도 서로 태어난 연도가 달라 혼란이 발생할 수 있습니다. 둘 중 하나를 골라잡는 문제라면 국제 기준에 맞춘다는 의미에서 '만 19세'라고 하면 되겠네요. 다 됐나요?

여전히 문제가 있습니다. 만 나이로는 본인의 생일이 지나야 한 살을 먹을 수 있습니다. 그럼 생일이 느린 사람은 대학교에 입학했는데도 만으로는 여전히 18세인 경우가 발생하게 됩니다. 즉, 대학생이라서 사회적으로 성인이라고 여겨지지만 신입생 환영회에서 맥주를 마시지 못하는 사태가 벌어지는 것입니다. 이런 문제를 해결하기 위해 현재 우리 청소년 보호법에서는 '연 나이'라는 개념을 도입하고 있습니다. 즉, '만 19세가 되는 생일이 있는 해의 1월 1일부터 19세로 본다.'는 방식입니다. 자, 이렇게 되면 나이 계산을 하는 방식만도 세 가지가 됩니다.

1. 만 나이 계산법:

   현재 연도 – 태어난 연도(생일이 지났을 경우)

   현재 연도 – 태어난 연도 – 1(생일이 안 지났을 경우)

2. 연 나이 계산법: 현재 년도 – 태어난 연도

3. 우리 나이 계산법: 현재 연도 – 태어난 연도+1

나이 하나만으로도 어지럽네요. 이제 충분히 구체적이고 명확해졌을까요? 아직 멀었습니다. '술'이란 과연 뭘까 하는 문제가 또 기다리고 있습니다.

술이 술이지 뭐 그런 것까지 다 시비를 거느냐고 할 사람이 있을지 모릅니다. 하지만 술과 술이 아닌 것을 어떻게 구분할지 기준을 제시해 달라고 하면 제대로 답할 수 있는 사람은 거의 없을 겁니다. 실제로 술에 대한 기준은 나라마다 다릅니다. 혹시 발포주라는 것을 들어 보았나요? 예전엔 노래방에서 노래를 부르며 술을 마시는 것이 허용되었지만 지금은 '음악 산업 진흥에 관한 법률 제22조(노래 연습장 업자의 준수 사항 등)'에 의해 주류의 판매나 제공이 금지되었습니다. 이 법률이 시행되자 일부 노래방에서는 맥주 대신 '발포주'라는 것을 제공하기 시작했습니다. 주로 일본에서 많이 소비되는 발포주는 알코올 도수가 매우 낮아서 발포주는 술이 아니라는 인식이 생겼던 것 같습니다. 하지만 발포주라는 명칭은 '술인가 아닌가'를 기준으로 만들어진 것이 아니라 '맥주인가 아닌가'를 기준으로 만들어진 것입니다. 복잡한 문제라서 조금 설명이 필요할 것 같습니다.

어느 나라든 술에 대한 세금은 상대적으로 높게 매깁니다. 특히 일본에서는 맥주가 대단히 인기 있는 술이기 때문에 맥주에 대한 세금 비율이 높은 편입니다. 일본에서 법적으로 맥주는 '맥아의 비율이 67퍼센트 이상인 술'을 의미합니다. 그래서 맥주 회사들은 '그럼 맥주와 비슷한 맛을 내면서 맥아 비율만 67퍼센트 미만으로 떨어뜨리면 세금 폭탄을 피해 갈 수 있겠군.'이라는 생각으로 신제품을 만들어 냈습니다. 이 제품에는 '맥주'라는 이름을 붙이는 것이 불법이므로 새로이 만들어 낸 용어가 발포주인 것입니다.

그럼 우리나라에서 술의 기준은 뭘까요? 그 기준은 술에 매기는 세금에 관한 내용을 규정한 '주세법'에 담겨 있습니다. 주세법상 술은 "주정과 알코올분 1도 이상의 음료"입니다.

여기서 '주정'은 음료는 아닌데 술의 원료가 될 수 있는 것으로, 주정을 사다가 집에서 술을 만들어 먹는 경우를 막기 위해 추가된 것입니다. 그럼 '알코올분'이 무엇인지도 정해야겠죠? 주세법에서는 "섭씨 1도에서 0.7947의 비중을 가진 에틸알코올"이라고 밝혀 놓았습니다. 소수점 넷째 자리까지 규정해 놓았으니 이 얼마나 정확한가 싶지만 여전히 문제는 남습니다. 에틸알코올은 술 제조에만 쓰이는 것이 아니라 소독약품 등 의약 용도로도 사용되는데 이 법에 의하면 소독약에 전부 주세를 매겨야 하는 문제가 발생합니다.

그럼 의약품용 에틸알코올은 제외한다고 하면 어떻게 될까요? 의약 용도의 에틸알코올을 사다가 물을 타서 희석해 먹는 사람들이 생기진 않을까요? 세금이 적게 붙으니 가격도 싸고, 물을 타면 양도 늘어나니 선풍적인 인기를 끌지도 모르겠습니다. 그래서 주세법 제3조 1항에 "「약사법」에 따른 의약품으로서 알코올분이 6도 미만인 것"은 제외한다는 조항이 덧붙었습니다. 이에 따르면 의약품이라도 알코올분이 6도 이상이면 술로 분류되어 세금을 매길 수 있습니다. 1도에서 6도 사이의 에틸알코올 의약품은 어쩔 수 없지만 그 이상의 알코올류에 대해서는 규제를 가할 수 있게 됩니다.

그럼에도 불구하고 여전히 문제는 남습니다. 국내 어느 식품업체에서는 2013년 양념장 신제품을 내놓으면서 맛을 더하기 위해 알코올을 약간 넣었습니다. 그랬더니 '현행 주세법상 알코올이 1도 이상 들어가면 주류로 보아야 하니 주류세를 내라'는 통보가 왔습니다. 양념장을 술 대신 퍼마시는 사람은 없겠지만 규정이 그렇게 되어 있으니 어쩔 수 없다는 것이 행정 당국의 설명이었습니다. 2014년 전국경제인연합회 선정 황당 규제 13선 중 하나로 뽑힌 이 사례를 소개한 신문 기사의 제목은 "황당한 주세법"이었지만 그보다는 구체적이고 명확한 규칙을 만드는 것이 얼마나 어려운가, 아니 불가능에 가까운가를 보여 주는 사례라고 할 수 있을 겁니다.

규칙이 명확해지면 이를 바탕으로 평가와 판단도 가능해집니다. 앞서 예로 들었던 먹선 이야기를 좀 더 확장해 볼까요? 벽돌로 쌓은 벽이 한창 올라가고 있는데 공사가 잘되고 있는지 집주인이 확인차 들렀다고 생각해 봅시다. 벽이 튼튼하게 쌓이고는 있지만 어딘가 잘못된 것 같은 느낌이 들었을 때 그 느낌이 맞는지 확인할 수 있는 방법은 뭘까요? 쉬운 방법은 집을 짓기 전에 바닥에 그어 놓은 먹선에 맞게 제대로 벽돌이 쌓여 있는지 살펴보는 것입니다. 만약 먹선대로 지어지지 않았다면 잘못 지어졌다고 지적하고 시정을 요구하거나 손해 배상을 주장할 수 있습니다.

이는 축구에도 적용할 수 있습니다. 프리 킥 상황에서 9.15미터 떨어진 지점을 심판이 손가락으로 가리킨다 해도 그 지점이 정확히 어딘지 모호하다면 심판의 생각보다 자꾸 앞으로 나오려는 선수들을 제지하기 어려운 상황이 반복될 수 있습니다. 그런데 배니싱 스프레이로 선을 그어 놓으니 선수들은 서야 할 곳을 확실히 알 수 있게 되었습니다. 그래서 선수들은 그 선을 넘지 않으려고 주의하게 되고 심판 또한 선수들이 지시를 위반했는지 안 했는지, 위반했다면 어느 정도나 위반했는지 판단하여 제재를 가할 수 있게 되었습니다. 그래서 심판의 지시를 위반하는 일이 크게 줄어든 것입니다.

그런데 이게 전부일까요? 하얀색 선이 9.15미터 지점을 좀 더 명확하게 만들어 놓았고 그래서 그 선을 넘어서기가 좀 더 부담스러워진 것은 사실이지만 그것만으로는 평균 시간 지연이 1분에서 20초로 줄어든 극적인 변화를 설명하기는 부족합니다. 이 하얀 선에는 또 어떤 비밀이 숨어 있는 것일까요?

관중들이
지켜보고 있다

        이야기가 축구에서 먹선에서 청소년의 나이를 거쳐 주세 부과 기준으로까지 널뛰다 보니 혼란스러울지 모르겠습니다만 이 글의 주제는 축구 심판이 사용한 배니싱 스프레이의 힘, 그리고 그를 통해 법이 가진 힘을 생각해 보는 것입니다. 법의 특성이 뭐냐는 질문에 대부분의 사람들이 '강제성'이라고 답한다는 이야기를 했는데 동시에 "그럼 법이 진짜 가장 힘이 센 규범인가요? 우리 삶에서 법이 가장 영향력이 큰 규범이라고 생각하시나요?"라고 물으면 "에이, 그래도 법은 멀고 주먹은 가깝죠."라는 대답이 돌아오곤 합니다. 어쩌면 이런 모순된 생각이 우리 사회의 통념일지도 모릅니다. 많은 사람들은 공식적으로는 법이 가장 힘세고 중요한 규범이지만, 비공식적으로는 법대로 돌아가는 일은 없으며 결국 세상은 인맥과 학맥과 지연과 혈연과 대한민국 상위 5퍼센트들끼리의 짬짜미로 결정된다는 생각을 가지고 있습니다.

    법 자체에는 별 힘이 없다는 세상살이의 '진실'을 깨달은 어른들이 '하얀 선 하나'에 그토록 전전긍긍하는 모습은 법교육을 전공한 저에게 어떤 영감을 주었습니다. 그 흐릿한 영감을 설명하기 위해 이번엔 감옥 이야기를 해 볼까 합니다.

    감옥이란 공간은 어떤 의미에서 매우 모순적인 곳입니다. 범법자들을 가두어 두기 위해 만든 공간인데 그들을 가두려면 감독자 또한 감옥 안에 함께 있어야 하기 때문입니다. 효율성을 높이려면 매우 당연하게도 가장 적은 수의 감독자가 가장 많은 수의 재소자를 감독할 수 있어야 하는데 이건 무척 어려운 일입니다. 교도관들만 무기를 갖게 한다거나 재소자들의 행동을 제약하는 방식으로 권력 차이를 만들어 낸다 해도 한꺼번에 많은 재소자가 덤비면 교도관 입장에서는 당해 내기 어렵기 때문입니다. 그래서 영국의 법학자 제러미 벤담은 가장 효율적인 감옥의 구조로 '패놉티콘'을 제안했습니다.

패놉티콘은 '모두'라는 의미의 라틴어 접두어 pan에 '보다'라는 의미를 가진 opt를 합친 단어이니, 직역하면 '모두 보이는 감옥' 정도가 될 겁니다. 기본적인 구조는 칸막이가 쳐진 방들을 원형으로 배치하고 가운데에 감시자가 들어가는 형태입니다. 이렇게 되면 감시자는 앉은 자리에서 빙 둘러보며 모든 재소자를 감시할 수 있게 되니 한 사람이 여러 명의 재소자를 효율적으로 관리할 수 있습니다.

현대판 패놉티콘이라면 CCTV가 있습니다. 굳이 이런 원형 건축물을 어렵게 만들지 않아도 CCTV를 잔뜩 설치하는 것으로 대신할 수 있을 것입니다. 그런데 모든 재소자의 방에 CCTV를 설치한다 한들 교도관들이 과연 수백, 수천 개나 되는 화면을 제대로 감시할 수 있을까요? 그게 불가능한 일이라면 패놉티콘도 의미 없는 것일까요?

패놉티콘의 실제 목적은 '모두 보면서 감시한다'가 아니라 '모두 보면서 감시하고 있을지도 모른다'는 의심을 심어 주는 것입니다. 즉,

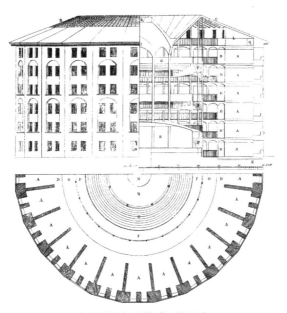

제러미 벤담이 고안한 패놉티콘 구상.

재소자들 내면의 변화가 패놉티콘이 갖는 효율성의 핵심입니다. 재소자들은 패놉티콘 한가운데 뚫려 있는 구멍을 보며, 혹은 방마다 설치되어 있는 CCTV를 보며 누군가 지금 내 모습을 감시하고 있을지도 모른다고 끊임없이 의심하게 됩니다. 그럼 문제가 될 만한 행동을 하지 않으려고 스스로 감시하고 통제하게 됩니다. 이것이야말로 감시의 내면화, 자기 규제 행위라고 볼 수 있습니다.

프랑스 철학자 미셸 푸코는 『감시와 처벌』이라는 책에서 이러한 판옵티콘 구상이 대중을 통제하는 전체주의의 도구가 될 수 있음을 우려하고 비판했습니다. 하지만 똑같은 기제가 반대로 작동할 수도 있습니다. 우리가 월드컵에서 목격한, 하얀 거품에 불과한 스프레이가 바로 그것입니다. 하얀 선이 선수들 앞에 그어진 순간 선수들은 심판이, 그리고 그보다 훨씬 두려운 존재인 관중들이 자신들의 위반을 확실하게 알게 될 것임을 깨닫습니다. 그건 하나의 임계점(tipping point)이 됩니다. 그 선을 넘지 않는 한 자리 다툼은 어느 정도 인정될 수 있는 게임의 재량 범위 내에 놓이지만 선을 넘는 순간 그것은 확실한 위반이 됩니다. 심판의 어떤 제재도 관중들의 지지를 받게 될 것이며, 심지어 심판이 놓치더라도 관중들은 그 선수를 비난할 것입니다.

이는 반대 경우를 상상해 보면 더욱 명확해집니다. 만약 관중이 아무도 없는 동네 축구 경기에서 심판이 바닥에 스프레이로 선을 그어 놓았다면 심판이 그냥 손짓으로 물러설 곳을 지정해 주는 것과 얼마나 차이가 났을까요? 아마 심판의 말을 잘 듣는 선수들이었다면 스프레이로 긋지 않아도 지시에 잘 따랐을 것이고 도무지 심판의 힘으로 통제가 안 되는 선수들이었다면 스프레이가 있거나 없거나 별 차이가 없었을 것입니다.

더 무서운 것은 관중들이 있지만 스프레이가 의미하는 규범에는 아무도 관심이 없거나 심지어 선수들이 어기기를 기대하는 경우입니다. 매우 사이가 안 좋은 두 국가가 맞붙은 축구 경기에서 홈 팀을 응원하는 관중들의 열기가 이성을 뛰어넘은 상황이라면, 심판은 스프레이로 선을 긋기만 해도 야유를 받을지 모릅니다. 그럼 어떤 선수도 더 이상 그 선에 의미를 부여하지 않을 겁니다.

바로 법이 그렇습니다. 법은 그저 잔디 위에 뿌려진, 시간이 지나면 금세 사라질 배니싱 스프레이 같은 것입니다. 사람들이 아무도 법에 관심을 갖지 않거나 법의 규범에 중요성을 부여하지 않을 경우, 법을 어기는 행위가 별로 문제 되지 않는다고 생각하거나 심지어 때로 특별한 목적을 위해서라면 법을 어기는 것이 정당하다고 생각할 경우, 스프레이가 사라지기도 전에 법은 이미 아무런 의미가 없는 것이 되어 버립니다.

법의 '실효성', 아니 그 이전에 법의 '존재' 여부는 오로지 국민들의 법에 관한 의식에 달려 있습니다. 단순히 준법을 이야기하는 것이 아닙니다. 프리 킥이 선언된 상황이 타당한지 따지고, 그 선이 9.15미터에 그어지는 것이 합당한지 합의하고, 그렇게 그어진 선이 제대로 존중되는지 두 눈을 부릅뜨고 지켜보는 주인 된 자세가 없다면 법은, 그리고 법을 통한 통제는 사라집니다. 그러면 그 자리에 남는 것은 아주 노골적인 강제성뿐입니다. 힘센 선수들은 심판을 거침없이 밀고 나가 프리 킥을 방해할 것이고 게임은 더 이상 게임이 아니라 물리력 간의 충돌, '전쟁'이 될 것입니다. 배니싱 스프레이가 그토록 효과가 있었다는 것은 아직 축구가 게임이며 우리는 그 게임의 법칙을 소중하게 생각하고 지켜보고 있다는 뜻입니다.

법은 어떤가요? 우리는 법을 정말 우리 사회의 중요한 원칙이라고 생각하고 있나요?

07

오판은 불가피한가?
/ 비디오 판독과 오심 논란이 환기하는 것

**어느 로마 검투사의
불운**

다음은 벨기에 브뤼셀의 왕립미술역사박물관에 소장된 1,800년 전 로마 시대 검투사의 모습을 묘사한 비석입니다. 묘를 장식하기 위해 세운 일종의 묘비이지요. 그렇다면 묘에 묻힌 사람은 비석에 묘사된 두 사람 중 누구일까요? 얼핏 보면 경기에서 패해 바닥에 넘어져 애원하고 있는 사람이 결국 죽은 것 같습니다. 하지만 고고학자들이 이 비석에 새겨진 비문을 해독한 결과 정반대의 내용이 담겨 있었다고 합니다. 즉, 실제로 경기에서 승리한 사람은 바닥에 넘어져 있는 검투사였고 최종적으로 살해당해 묘에 매장된 사람은 마치 승자처럼 묘사된, 늠름하게 칼을 들고 서 있는 검투사였다는 것입니다. 도대체 어떻게 된 일일까요?

캐나다 브록 대학의 마이클 카터 교수는 이 비석에 새겨진 그리스어를 해독하여 과학 전문 웹사이트인 라이브사이언스닷컴에 실었습니다. 비문의 내용은 "내(디오도루스)가 데메트리우스를 꺾은 뒤 그를 즉시 죽이지 않았다. 운명과 심판의 간사한 배반이 나를 죽였다." 였다고 합니다.

당시 검투사 경기에는 심판이 있었습니다. 심판의 중요한 역할은 검투사가 패배를 인정

로마 시대 검투사 디오도루스를 묘사한 비석.

할 경우 경기를 주최한 사람이 이를 받아들이면 패자가 무사히 경기장을 떠날 수 있도록 하는 것과, 혹시 검투사가 실수로 넘어진 경우라면 경기를 재개할 수 있도록 하는 것이었다고 합니다. 만약 주최자가 경기가 형편없었다고 판단해서 자비를 베풀지 않는다면 패자는 그 자리에서 목숨을 잃을 수도 있었습니다.

이 묘비에서 묘의 주인인 디오도루스는 검투 경기 중 데메트리우스를 쓰러뜨렸고 바닥에 넘어진 데메트리우스는 패배를 인정한다는 뜻으로 손을 든 것으로 보입니다. 따라서 규칙에 따라 디오도루스가 한

걸음 물러나 경기 주최자가 패자를 용서해 줄지 말지 결정하기를 기다리고 있는 장면이 바로 비석에 새겨진 것입니다.

그런데 이때 갑자기 심판이 개입한 모양입니다. 고의인지 착오인지 모르겠으나 심판은 데메트리우스가 실수로 넘어졌다고 판단했고, 그래서 일어나서 경기를 재개하도록 했습니다. 그 결과 다시 시작된 경기 중 디오도루스는 패배하고 상처를 입어 죽음에 이르게 되어 "운명과 심판의 간사한 배반이 나를 죽였다."라는 기록을 남기게 된 것입니다.

아마 심판의 오심 가운데서는 가장 오래된 기록 중 하나가 아닐까 싶습니다. 더구나 그 결과가 선수의 억울한 죽음으로까지 이어졌으니 매우 치명적인 오심이라고 할 수 있겠네요.

예나 지금이나 스포츠에서 오심은 늘 논란의 대상입니다. 최근 우리나라 프로 야구는 '오심 논란'으로 들썩이고 있습니다. 낡은 표현이긴 하지만 말 그대로 하루가 멀다 하고 심판의 오심 장면이 인터넷과 스포츠 뉴스에 등장하고 이를 성토하는 목소리도 높아지고 있습니다. 왜 이렇게 오심 문제가 크게 부각되고 있을까요?

일차적으로는 방송 중계 기술의 발전을 원인으로 꼽을 수 있습니다. 예전에는 몇 안 되는 카메라로, 해상도도 매우 낮은 중계 화면을 내보내다 보니 앞선 장면을 되돌려 천천히 살펴보는 '슬로비디오' 화면도 그리 자주 등장하지 않았고 혹 그렇게 재확인한다고 해도 오심을 분명하게 확인하기는 어려웠습니다. 그래서 중계방송에서도 "가장 가까이에서 본 심판이 제일 정확하게 봤겠죠."라며 얼버무리는 경우가 많았습니다. 하지만 최근엔 선수들의 땀구멍까지 생생하게 보인다는 고해상도 화면을, '슈퍼비전 슬로 카메라' 같은 이름부터 어마어마한 특수 카메라를 동원하여 다양한 앵글에서 촬영해 몇 백 분의 일 초단위로 쪼개어 보여 주니 심판의 오심을 더욱 분명히 눈으로 확인할수 있게 되었습니다. 아이러니하게도 '가장 가까이에서 보는 심판'은 이런 중계 화면을 보지 못해 가장 부정확한 정보를 갖게 되는 정보의 역전 현상이 생기는 것이지요.

여기에 불을 붙인 것은 2014년부터 미국의 메이저 리그 야구 경기에서 홈런 판정에만 이용되던 비디오 판독이 공식적으로 확대 도입된 사건이었습니다. 인간의 눈으로는 대략 초당 10~12프레임의 영상 구분이 가능하다고 합니다. 그런데 카메라는 초당 300프레임까지 구분이 가능하다고 하니 인간의 눈보다 30배 이상 정확한 셈입니다. 과학의 힘을 바탕으로 비디오 판독이 공식적으로 이루어지면서 메이저 리그에서는 시행 두 달 만에 오심 번복률이 45.7퍼센트에 이르렀다고 합니다. 이런 상황이 맞물려 우리나라 프로 야구에서도 오심에 대한 불만이 커지게 되었고 궁극적으로는 메이저 리그와 같이 비디오 판독을 도입하자는 주장이 힘을 얻었습니다. 그래서 2014년 후반에 도입되었고 실제 경기에 활용되고 있습니다. 활용 방식도 메이저 리그와 비슷합니다.

재미있는 것은 단지 기술 발전의 결과에 불과할 것 같은 보조 요소의 도입에 대해 야구팬들의 저항이 의외로 크다는 점입니다. 오심도 게임의 일부다, 비디오 판독 때문에 게임의 흐름이 끊긴다 등 다양한 반론들은 결국 비디오 판독이 오심을 뿌리 뽑지도 못하면서 야구의 매력과 재미만 반감시킬 것이라는 주장으로 수렴됩니다.

제가 이 문제에 관심을 갖게 된 것은 이러한 주장이 법의 영역에서도 비슷하게 제기될 수 있기 때문입니다. 재판에서도 늘 판사의 편향, 실수, 오류 등이 문제가 됩니다. 재판이 법대로 이루어지려면 법의 내용을 모두 집어넣은 '재판 기계'를 만들어 판사 자리에 앉히면 되는 것일까요? 파울, 아웃, 홈런을 판정하는 야구 영상 판독 기계처럼 유죄 여부, 손해 배상 액수, 형량을 계산해 주는 기계를 만들면 될까요?

비디오 판독의
정확성

논의의 초점을 분명히 하기 위해 스포츠에서의 비디오 판독 문제를 먼저 집중적으로 살펴보겠습니다. 비디오 판독을 도입하자고 주장하는 입장에서 내놓는 가장 강력한 이유는 '비디오 판독이 심판의 눈보다 훨씬 정확하다.'일 것입니다. 뻔한 사실 같지만 일단 이 기본적인 전제부터 정말 그런지 확인해 볼 필요가 있습니다.

여러 스포츠 가운데 비디오 판독을 일찌감치 도입한 종목 중 하나로 테니스가 있습니다. 테니스는 코트가 흙으로 되어 있는 클레이 코트인 경우 공이 바닥에 맞을 때 흔적이 남기 때문에 라인 안쪽으로 들어왔는지 바깥쪽으로 나갔는지에 대한 논란이 비교적 적습니다. 하지만 대표적인 국제 대회인 영국의 윔블던 테니스 대회는 잔디 코트에서 경기가 벌어지기 때문에 바닥에 자국이 남지 않아 판정 논란이 자주 벌어졌습니다. 공이 라인에 맞으면 하얀색 백분이 튀어 오르는 것으로 구분할 수 있지만 라인 안쪽이나 바깥쪽에 맞은 경우에는 공이 떨어지는 그 순간에 눈으로 확인하는 것 말고는 방법이 없습니다. 따라서 선수와 심판 간에 다툼이 생기는 경우가 잦았고 존 맥켄로 같은 선수는 심판에게 라켓을 던지거나 욕을 하는 등 거친 행동을 보여 '악동'이라는 별명을 얻기도 했습니다.

따라서 테니스계에서는 비디오 판독의 필요성이 일찍부터 제기되었고 여러 시도 끝에 '호크아이'란 제품이 영국에서 개발되어 2001년부터 사용되었습니다. 매의 눈을 뜻하는 호크아이는 6, 7대의 고속 카메라를 사용하여 테니스공의 궤적을 추적하고 이를 통해 '통계적으로 가장 확률이 높은 동적 이미지'를 보여 줍니다.

이 기계를 개발한 호크아이사의 설명에 따르면 기계 자체의 오차는 3밀리미터 내외라고 합니다. 즉 기계에 오차가 전혀 없지는 않습니다. 3밀리미터라면 상당히 작은 오차긴 하지만 테니스 경기 도중 호크아이 판정 장면을 보면 공이 라인에 딱 붙어 보이는 경우가 드물지 않기 때문에 이 정도 오차라도 스코어에 분명 어느 정도 영향을 준다고 인정해야 합니다. 다만 그렇다 해도 인간의 눈보다는 확실히 더 정확하며 오차 역시 기술 발달과 함께 줄어들 것이므로 결정적인 결함은 아닙니다.

하지만 비디오 판독의 정확성에 대한 문제 제기는 여기서 그치지 않습니다. 호크아이에서는 공 모양이 타원형으로 표현됩니다. 기본적으로 호크아이가 '동적 이미지'이기 때문에 공의 원래 모양인 동그란 모양이 아니라 일그러진 타원형으로 나타나는 겁니다. 더 빠른 공은 더 길게 일그러진 모습으로 나타나지요. 경기 중엔 공 자체가 물리적으로 찌그러질 뿐 아니라 카메라의 위치로 인해 음영이 포함되어 더 왜곡된 형태로 나타나는 것입니다. 그렇다면 과연 이 모습을 '진짜 공의 모습'이라고 볼 수 있는가, 이를 바탕으로 공이 선을 나갔는지 안 나갔는지 판단하는 것이 타당한가라는 문제가 제기될 수 있습니다.

여기서 더 나아가면 '진짜 공의 모습'의 기준이 무엇인가라는 문제까지 확장됩니다. 앞서 클레이 코트에서는 공이 흙바닥에 닿아 생긴 흔적을 기준으로 판단한다고 했는데, 여기서 흔적이란 원형의 공이 '바닥에 닿은 면적'을 의미한다고 볼 수 있습니다. 하지만 호크아이는 공 자체를 추적해서 촬영하기 때문에 위에서 내려다본 '공 전체의 면적'을 기준으로 흔적을 추적합니다. 호크아이가 훨씬 큰 흔적을 다루기 때문에 공이 선에 닿았다고 판정할 가능성이 더 높아집니다.

그럼 과연 테니스 경기에서 공이 선에 닿았는지의 기준은 '바닥에 닿은 흔적'이어야 할까요, 아니면 '시각적으로 보이는 공의 크기'여야 할까요? 이는 결국 기계가 보여 줄 수 있는 것은 객관적인 데이터일 뿐이고 데이터에 규칙과 의미를 부여하는 것은 인간의 몫이라는 점을 보여 줍니다. 즉, 바닥의 흔적을 기준으로 할지 호크아이가 추적한 공의 면적을 기준으로 할지는 순수하게 합의의 영역입니다. 따라서 결과적으로는 호크아이를 사용하는 게임과, 흔적을 기준으로 하는 게임은 서로 다른 평가 기준을 사용하지만 그러한 차이에 대해 구성원 사이에 합의를 이루었고 또 일관되게 적용하기 때문에 관중이나 선수들은 별다른 혼란 없이 다양한 코트에서 벌어지는 테니스 경기를 즐길 수 있습니다.

여러 한계에도 불구하고, 그리고 근본적으로는 '인간의 합의'가 전제되어야 한다는 점을 충분히 고려할 수 있다면 비디오 판독이 인간의 눈보다는 훨씬 정확하며 실제 경기에 적용될 만큼 기술도 발전했다는 점은 분명합니다. 프로 야구에 비디오 판독 도입을 반대하는 사람들도 부정확성을 결정적인 근거로 제시하는 경우는 별로 없습니다. 그럼 어떤 이유에서 비디오 판독을 반대하는 것일까요?

오심도 게임의 일부다

오심 문제가 불거질 때면 늘 듣는 말 중 하나가 바로 이것입니다. "오심도 게임의 일부다." 뭔가 그럴듯한데 가만히 생각해 보면 무슨 뜻인지 혼란스러운 말이기도 합니다. 오심은 게임의 법칙을 잘못 적용한, 게임의 법칙에 어긋나는 상황인데 이 또한 게임을 구성하는 요소라니 상당히 모순된 표현 아닌가요?

이 말을 사용하는 사람들 사이에서도 그 정확한 의미에 대한 생각은 조금씩 다른 것 같습니다. 아마도 이 말이 처음 사용되었을 때에는 '심판도 인간인 만큼 오심을 완벽하게 배제할 수 없기 때문에 오심이 발생할 가능성까지 모두 포함해서 게임을 이해해야 한다. 혹시 오심이 있더라도 이 또한 게임에 필수적으로 따라오는 요소로 인정하고 받아들여야 한다.'라는 의미였을 것입니다. 오심을 객관적으로 증명하고 되돌릴 방법이 없는데도 계속 문제를 제기한다면 게임 자체가 성립이 안 될 것입니다. 이런 경우 '혹시 오심이라 할지라도 일단 인정하고 따르지 않으면 근본적으로 게임의 존립이 위태로워지니 억울하더라도 오심도 게임의 요소로, 마치 빗맞은 안타처럼 운이 좋았다거나 나빴다고 생각하고 받아들여야 한다.'라는 의미를 담아 그런 말을 했을 것입니다. 하지만 기술 발전으로 오심 여부가 객관적으로 확인 가능한 수준이 된 지금에는 이런 주장은 그리 설득력이 없습니다. 그래서 최근에는 오심을 가려낼 수 없다는 의미보다는 '굳이 가려내려다가 게임이 게임이 아니게 된다' 즉 '재미가 없어진다'는 뜻으로 사용하는 경우가 더 많습니다.

엘지 트윈스 팀의 서용빈 코치는 비디오 판독이 잦아지면 게임 시간이 늘어나 지루해질 것이라는 지적을 했고 기아 타이거즈의 이범호 선수는 "비디오 판독이 확대되면 항의가 늘어날 것."이라고 지적했습니다.[•] 비디오 판독으로 게임 흐름이 끊기면 재미가 반감될 것이라는

● 이재국 「비디오 판독 확대, 50% "판정 명확" vs. "흐름 끊겨 재미 반감" 46%」, 『스포츠동아』 2011. 6. 9.

지적들입니다. 실제로 비디오 판독이 전면 실시된 메이저 리그에서는 각 팀 감독에게 경기당 한 번의 항의 기회를 주고 오심으로 확인되면 추가 기회를 부여하는 방식으로 제도를 운영하고 있습니다. 이 때문에 한 번의 기회를 효과적으로 활용하기 위해 팀마다 경기장 안에서 각종 장비를 이용해 상황을 주시하고 있다가 비디오 판독을 요청할 만한 사안이라고 판단되면 더그아웃으로 전화를 걸어 감독이 항의하도록 조언하는 '비디오 판독 조정관'을 배치했다고 합니다. 그런데 이 조정관이 비디오 판독 요청 여부를 판단할 때까지 시간이 필요하기 때문에 문제가 될 만한 상황이 되면 감독이 일단 나가서 심판과 시간을 끌며 비디오 판독 조정관의 사인을 기다리는 웃지 못할 상황이 벌어지고 있습니다.* 또한 야구는 흐름이 중요한 경기이기 때문에 판정이 그다지 애매하지 않더라도 시간을 끌어 상대편의 흐름을 끊기 위해 비디오 판독을 악용할 가능성도 있습니다. 그러니 비디오 판독 때문에 야구 경기의 재미가 반감될지 모른다는 우려는 어느 정도 일리 있습니다.

이렇게 재미의 차원에 집중하면 확실히 기계를 통한 판독보다는 인간의 판단이 더 유용해 보입니다. 가끔은 좀 더 적극적인 의미에서 재미를 더하기 위해 판정 기준을 임의로 조작하는 것도 가능하기 때문입니다. 야구 규정집에 따르면 스트라이크는 "홈 플레이트 안으로 들

● 「비디오 판독이 능사는 아니다」, 『뉴스위크』 2014. 5. 12.

어오거나 바깥쪽 라인에 걸치는 공"이라는 좌우 규정과, "타자의 무릎 위부터 어깨와 허리 벨트 사이 중간 지점 사이"라는 높이 규정이 명시되어 있습니다. 이에 따르면 타자의 키에 따라 스트라이크 존의 높이가 일부 달라질 수는 있어도 심판에 따라, 경기에 따라 스트라이크 존이 달라질 수는 없습니다. 하지만 안타가 너무 많이 나와서 경기가 재미없다는 지적이 나오면 스트라이크 존을 넓혀서 타자가 치기 어렵게 하고, 반대로 점수가 너무 안 나서 재미없다는 지적이 나오면 스트라이크 존을 좁혀서 공이 한가운데로 몰리도록 조정하는 것은 시즌마다 곧잘 일어나고 있습니다. 심지어 이런 조정이 명백히 개인적인 편향에 의해 강제되는 사례도 있었습니다. 1961년 로저 메리스라는 타자가 메이저 리그 사상 가장 위대한 타자로 불리는 베이브 루스의 한 시즌 최다 기록을 깨자 이에 분노한 메이저 리그 커미셔너 포드 프릭은 베이브 루스의 기록이 훼손되는 것을 막고자 스트라이크 존의 확대를 지시했습니다.

하지만 이렇게 재미를 근거로 '인간의 판단'을 옹호하는 주장은 그 자체로 함정에 빠질 가능성이 있습니다. 이는 매우 단순하게 말하자면 '일관되지 못한 인간의 판단이 게임에서 재미의 요소 중 하나다.'라고 주장하는 것입니다. 그런데 게임이란 근본적으로 가상 상황에 다양한 규칙을 결합하여 만든 구성물입니다. 그 점을 고려하면 안 그래도 현실의 형상이나 필요와 관계가 없어 근거가 허약한 게임 규칙들의 일관성을, 재미를 이유로 부정할 경우 게임 자체가 붕괴될 위험이 생깁니다. 분명히 공보다 발이 먼저 1루 베이스에 도달해서 세이프가 선언되어야 할 상황에서 아웃이 선언되는 일이 반복된다면, 그것도 심지어 재미를 위해 의도적으로 오심이 용인되거나 권장된다면 과연 사람들은 야구 경기가 참 재미있다고 느낄까요? 아니면 원칙도 없고 예측도 안 되는 이런 건 스포츠도 아니라고 외면하게 될까요?

오심도 게임의 일부라는 주장은 오심을 피할 수 없을 때 이 또한 예외적인 상황 중 하나로 인정하고 받아들이자는 것일 뿐 오심을 줄이거나 피할 방법을 부정하는 근거가 되기는 어렵습니다. 자, 그럼 이제 우리는 심판들을 그라운드에서 끌어내리고 그 자리에 첨단 계측기와 카메라, '기계 심판'들을 세우면 되는 걸까요? 그럼 우리의 야구는 더 즐겁고 훌륭한 스포츠가 될까요? 왠지 그러지만은 않을 것 같은 이 찜찜함은 뭘까요?

심판은 꼭 인간이어야 할까?

미국 메이저 리그에서는 심판의 스트라이크, 볼 판정을 돕기 위해 카메라를 통해 궤적을 추적하는 퀘스텍 판독 시스템이 10여 년 전에 사용된 적이 있습니다. 기계에 의한 공정한 판정이니 다들 만족할 것 같은데 실은 반대로 불만을 갖는 선수들이 많았습니다. 대표적인 선수가 커트 실링입니다. 2003년 5월 25일, 애리조나 다이아몬드백스의 전설적인 투수 커트 실링은 퀄컴스타디움에서 열린 샌디에이고 파드리스와의 경기 도중 배트를 들고 가서 퀘스텍 판독 시스템용 카메라를 부숴 버렸습니다. 커트 실링은 결국 수리비를 포함해 1만 5,000달러의 벌금을 내게 되었는데 폭력적인 행동을 한 이유를 묻는 기자들의 질문에 의외의 대답을 했습니다.

"판정에 일관성이 없다. 이 시스템에 따라 심판들의 스트라이크 존이 변경된 것에 화가 났다."

일관성이 없는 것은 오히려 그의 대답 같습니다. 시스템에 따라 심판들이 스트라이크 존을 적용한다면 그게 일관성 있는 것 아닐까요? 아마도 커트 실링은 '내가 아는 야구'와 '기계가 판단을 내리는 야구' 사이에 생긴 괴리감을 지적한 것이 아닐까 싶습니다. 그는 평생 해 왔던 야구와 다른 방식의 야구를 받아들일 수 없었고 그런 괴리감이 분노로 바뀌어 폭력적인 행동으로 표출된 것입니다.

이런 괴리감과 관련하여, 비디오 판독에 관한 의견을 묻는 인터뷰 중 두산 베어스의 홍성흔 선수가 한 대답은 무척 평범해 보이면서도 그냥 넘겨 버릴 수 없는 무언가를 담고 있습니다.

"비디오 판독은 인간적이지 않다."●

앞서 이야기했던 찬성 쪽의 근거인 '비디오 판독은 정확하다.'는 것이나 반대쪽의 근거인 '그렇게 하면 재미가 없다.'는 것은 따지고 보면 모두 도구적인 관점에서 심판을 생각한 것입니다. 즉, 야구라는 경

● 이재만 「목청 커지는 카메라 심판」, 『한겨레』 2014. 4. 29.

기를 위한 도구로서 더 정확한 비디오 판독이 좋은가 아니면 더 유연한 재미를 줄 수 있는 인간 심판이 좋은가를 따지는 과정이었습니다. 그런데 홍성흔 선수의 '인간적인 야구'라는 말은 그보다 더 본질적인 문제를 건드립니다. 심판은 야구를 구성하는 요소일까요, 아니면 야구의 바깥에서 경기를 보조하는 수단일까요?

한번 상상해 봅시다. 심판들이 다 사라진 야구장 풍경이란 어떠할까요? 투수가 공을 던질 때마다 포수의 뒤에 검은 산처럼, 배후 세력이자 최종 심급처럼 웅크리고 있던 심판이 멋지게 팔을 휘두르며 "스뚜우라이이익!"이라고 외치는 대신, 공중에 떠 있는 홀로그램 스트라이크 존 안에 투수가 던진 공의 궤적이 표시되며 삑 하고 파란 불이 들어옵니다. 2루로 도루한 선수와, 포수가 던진 공을 받아 힘차게 주자를 태그한 2루수가 유니폼에 묻은 흙을 털어 내기도 전에 마치 홍해를 가르는 모세처럼 심판이 두 팔을 수평하게 좌우로 펼치며 "세이프!"를 선언하는 대신, 감지 센서가 장착된 베이스에 세이프를 알리는 녹색 엘이디(LED)가 반짝거립니다. 홈 베이스로 뛰어든 주자가 블로킹하는 포수와 충돌하여 엉켜 넘어지는 순간 운명의 망치를 내려치는 토르처럼 주먹을 힘차게 내리지르며 "아웃!"을 외치는 주심 대신, 비디오 판독실의 판독 결과를 바탕으로 전광판에 '아웃' 사인이 뜹니다. 이런 것이 우리가 알고 좋아하는 야구라고 할 수 있을까요?

상상을 좀 더 극단적으로 밀고 나갈 수도 있습니다. 얼마 전 우리나라에서 「미스터 고」라는 영화가 개봉한 적이 있습니다. 고릴라가 야구 선수가 되어 엄청난 활약을 펼친다는 내용이었지요. '심판은 인간이어야 한다.'라는 규정이 없는 상황에서 '선수는 인간이어야 한다.'라는 제한 또한 없다면 실제 경기에도 이 영화에서처럼 인간이 아닌 고릴라, 로봇, 혹은 로봇 팔을 이식한 선수 등도 등장하지 않을까요?

물론 말도 안 되는 상상이지만 이런 상상을 통해 스포츠의 본질, 게임의 본질에 대해 다시 한번 생각해 볼 수 있습니다. 우리가 스포츠에 열광하는 이유는 치고 달리고 뛰고 넘어지는 그 모든 움직임이 모두 인간에게서 비롯하기 때문일 것입니다. 너무나 당연해서 굳이 거듭 이야기되지 않고 이제는 잊히다시피 한 그 '게임의 법칙'이 비디오 판독을 계기로 근본적인 도전을 받고 있습니다. 비디오 판독에 대해 우리가 느끼는 불편함의 바닥에는 그러한 변화가 본질이 더 잘 구현되도록 도와주는 보조적 역할에 머물지 않고 더 나아가 본질 그 자체를 바꾸어 버릴 것 같은, 야구가 내가 알던 그 야구가 아니도록 바꾸어 버리고 말 것 같은 불안감이 있는 것입니다.

**허리케인 카터,
오판의 가능성**

비디오 판독을 둘러싼 야구계의 소동은 법에도 적지 않은 시사점을 던져 줍니다. 먼저 당연하지만 애써 외면하고 싶었던 사실, 인간은 실수를 할 수밖에 없다는 점을 생각해 볼 필요가 있습니다.

중계 기술의 발전과 함께 오심 문제가 크게 불거진 것처럼 최근 인 터넷, 소셜 네트워크 서비스(SNS) 등을 통해 정보의 유통 속도가 빨라 지고 사람들 간의 소통이 활발해지면서 철옹성처럼 일반인들의 접근 이 차단되었던 법과 재판의 영역에도 많은 사람의 관심과 문제 제기 가 잇따르고 있습니다. 법무부, 대법원 등 법 관련 기관들이 앞장서서 법교육 활동을 벌이는 것도, 이런 관심과 소통을 차단하기보다는 올 바른 방식으로 활성화해 법에 대한 신뢰를 제고하는 것이 법의 실효 성을 확보하는 핵심임을 인식했기 때문일 것입니다.

스포츠의 오심 문제에서 시작된 이야기를 법의 이야기로 잇는 과정 에 허리케인 카터의 사례가 좋은 다리가 될 것 같습니다. 1937년 뉴저 지의 가난한 흑인 가정에서 일곱 형제 중 넷째로 태어난 루빈 카터는 어려서는 소년원을 들락날락하며 거리의 삶을 이어 오다가 타고난 싸 움 실력을 바탕으로 권투 선수가 되었습니다. 수비는 무시하고 쉴 새 없이 몰아치는 공격적인 스타일로 허리케인이라는 별명을 얻은 카터 는 복싱계의 스타로 떠올랐습니다. 하지만 한창 인기를 얻던 1966년 어느 새벽, 친구와 바에서 술을 마시고 나오다가 인근에서 벌어진 백 인 세 명에 대한 총격 살인 사건의 용의자로 체포되었습니다. 지문 검 사는 물론 탄흔이나 화약 검사 같은 기본적인 절차를 거치지 않아 증 거도 제대로 갖추어지지 않았지만 증인들의 증언과 차에서 발견된 탄 약만을 근거로 백인들로만 구성된 배심원단과 판사는 카터와 그 친구 에게 종신형을 선고했습니다.

하지만 1974년 결정적인 증언을 했던 증인들이 증언을 번복했습니다. 자신들이 목격한 용의자는 카터와 그의 친구가 아니라 다른 사람이었다는 것입니다. 당연히 판결이 취소될 것으로 기대되었으나 담당판사는 번복된 증언에 신빙성이 없다며 받아들이지 않았습니다. 이해할 수 없는 사법부의 결정에 분노한 시민들은 재심과 석방을 요구하는 시민 모임을 조직했고 무함마드 알리 같은 유명인도 이에 동참했습니다. 밥 딜런은 「허리케인」이라는 노래를 만들어 전 세계에 그의 이야기를 알렸습니다.

마침내 대법원의 결정으로 재심이 이루어졌으나 뜻밖에도 재심 결과 역시 유죄였습니다. 증언 번복이 진심인가 아닌가에 관한 다양한 의혹이 제기되어 배심원들이 무죄를 평결하는 데 부담을 느꼈기 때문이었습니다. 1985년에 이르러서야 재판부는 이 재판이 "합리적 이성이 아니라 인종 차별주의에 근거하여 이루어졌고, 진실이 은폐되었다."라는 점을 인정하며 카터를 석방했습니다. 오판과 오심으로 무고한 사람이 자그마치 20년 동안이나 감옥에 갇혀 있었던 것입니다.

카터는 끝내 진실이 밝혀졌고 자유의 몸이 되었으므로 그나마 다행일지도 모릅니다. 반공산주의 물결 속에 무정부주의자이자 이탈리아 이민자라는 이유로 편견의 희생양이 되어 뚜렷한 물증도 없이 강도, 살인죄를 뒤집어쓰고 사형된 사코와 반제티, 역시 매카시즘의 열풍 속에서 간첩죄로 사형당한 로젠버그 부부 등 오심으로 인한 비극은 어디에나 있습니다. 최근에는 중국에서 소수 민족 청년 후거지러

투가 성폭행 살인범으로 몰려 사형당하고 10년이 지언서야 다른 사건으로 체포된 진범이 범죄를 자백한, 이른바 '후거지러투 사건'이 발생하여 중국 전체를 떠들썩하게 만들기도 했습니다.

신이 아닌 이상 오심과 오판은 노력을 통해 줄일 수는 있을지언정 완전히 피할 수는 없습니다. 하지만 법의 영역에서는 이런 당연한 사실이 심각하게 다루어지지 않는 경향이 있습니다. 여러 가지 이유가 있을 것입니다. 다양한 절차와 보완 장치들을 갖추고 있기 때문에 실수가 그리 흔치 않기 때문일 수도 있고, 고민을 한들 결국 인간이 판결하는 한 완벽할 수는 없기 때문일 수도 있습니다. 하지만 가장 중요한 이유는 오심 가능성에 대한 진지한 성찰이 자칫 법 제도 전반에 대한 불신으로 이어질 수 있다는 두려움 때문인 것 같습니다.

마음을 얻는 것은
법의 숙명

앞서 설명한 대로 법은 '강제성을 지니고 있다' 혹은 '강제성을 지녀야 한다'고 믿는 사람들에 의해 힘을, 권위를 부여받습니다. 시민들의 계약으로 사회가 만들어지듯이 자신의 권리를 지켜 주는 수단으로써 법의 중요성과 가치를 인정하는 수많은 사회 구성원의 동의에 의해 법은 비로소 존재할 수 있습니다.

따라서 법과, 이에 기반을 둔 법 제도에 있어 사람들의 '신뢰'는 사막의 오아시스 같은 생명줄의 역할을 합니다. 허례허식을 없애기 위해 결혼식에 온 하객들에게 식사를 대접하면 안 된다는 내용을 담았던 우리나라의 가정의례 준칙이나, 기독교적 윤리관으로 술의 생산과 판매를 금지했던 미국의 금주법이 국가 권력의 강력한 실행 의지에도 불구하고 결국 숱한 부작용만 남기고 사장되어 버린 것은 사람의 마음을 얻지 못한 법의 숙명을 잘 보여 줍니다.

문제는 어떻게 신뢰를 얻을 수 있을 것인가 하는 점입니다. 소수의 사람이 권력을 가지고 사회를 지배하며 법은 단지 그들의 통치 도구 역할만 하던 근대 이전에는 주로 법에 대한 '경외'를 이끌어 내는 방식을 활용했습니다. 법은 신이나 초월적인 존재로부터 부여된 것, 보통 사람은 이해하거나 접근할 수 없고 당연히 사람의 의지로 바꿀 수도 없는 것이며 법관은 이런 신의 진리에 가까이 간 사람이라는 이미지를 형성한 것이죠. 법이 동서고금을 막론하고 라틴어든 한자든 가장 어렵고 생소한 언어로 서술되고 전문가들만 이해할 수 있는 용어로 표현되며 법관의 옷이 사제들의 옷과 닮았던 것도 이런 맥락에서 이해할 수 있습니다.

하지만 모든 이가 사회의 주인이 되는 민주 사회에서는 이렇게 차단과 은폐를 통해 복종을 이끌어 내는 것은 더 이상 유효한 방식이 될 수 없습니다. 누구나 충분한 정보와 합리적인 설명을 요구하고 있고 또 각 기관들은 이에 부응해야 할 의무가 있습니다. 게다가 정보 통신 기술의 발전 덕분에 과거엔 상상할 수조차 없었던 방대한 정보와 의견이 실시간으로 유통되고 있습니다. 법에서도 전문가들만 알 수 있는 정보나 판단의 영역이 점점 줄어들고 있는 것입니다.

이 과정에서 법적 절차와 판단이 과연 제대로 이루어지고 있는가, 정의로운가에 대한 문제 제기도 늘어나고 있습니다. 이는 법을 다루는 법관과 일반인 사이에 법적 지식과 개별 사건에 대한 정보의 격차가 있기 때문일 수도 있고 실제로 법관이 법 원칙에 어긋나는 판단을 했기 때문일 수도 있습니다. 법에는 야구 경기처럼 판단의 옳고 그름을 점검할 수 있도록 해 주는 카메라 같은 것은 없지만 점차 법률 전문가의 재량을 줄이고 과정을 표준화하는 시도들이 제도화되고 있습니다. 대표적인 것이 2007년 이래로 대법원에서 '양형 위원회'를 구성해 각 범죄군에 따라 양형 기준을 연구하여 제시한 '양형 기준표'입니다. 직접적으로 판사들을 구속하는 것은 아니지만 만약 양형 기준표를 벗어난 판결을 했을 경우 양형 사유를 별도로 제시해야 하므로 실질적인 구속력이 있다고 할 수 있습니다. 이런 '표준화'는 들쭉날쭉한 판결의 문제를 완화하고 결과에 대한 예측 가능성을 높인다는 점에서 의미 있는 시도입니다.

양형 기준표의 가치는 판사들의 판단을 제약하는 역할보다는 판사들이 왜 그렇게 판단했는지를 다른 사람들에게 보여 주고 설득할 수 있다는 점에 있습니다. 예전이라면 법적 사고 훈련을 받은 판사들의 머릿속에서만 이루어졌을 판단 과정이 일반인들도 이해하고 예측할 수 있는 형태로 외면화되어 제시되는 것이지요. 최종적으로 내려지는 판결이 같을지라도 이러한 과정의 차이는 본질적인 차별성을 갖습니다. 담임 선생님이 지명한 반장과, 학생들이 투표로 결정한 반장이 결국 같은 사람일지라도 그 의미는 완전히 다른 것과 마찬가지입니다. 모두에게 공개된 양형 기준표를 통해 우리 사법 제도는 소통과 합리적 절차, 그리고 사회적 합의로 이루어지는 결정을 지향하게 됩니다.

시민은
구경꾼이 아니다

다시 비디오 판독 문제로 돌아와 볼까요? 비디오 판독의 핵심은 오심을 가려내는 것일까요? 그래서 심판의 역량을 확인하거나 혹은 심판에게 책임을 묻고 게임의 법칙을 의심하게 만드는 것일까요? 저는 반대로 비디오 판독을 거쳐 공개된 정보와 합리적 절차를 바탕으로 판단을 수정하여 더 나은 판단으로 나아가게 만드는데, 그 과정에 관객을 포함하여 게임을 구성하는 모든 사람이 '참여'하는 데 진정한 가치가 있다고 생각합니다.

테니스 경기에서 호크아이 판정이 이루어지는 장면은 매우 흥미롭습니다. 일단 심판이 선수의 이의 제기(챌린지)를 받아들이면 관객들은 박자를 맞추어 손뼉을 치며 대형 스크린에 이미지가 나타나기를 기다립니다. 그래픽으로 표현된 공의 궤적이 스르륵 나타나면 박수 소리는 고조되고, 공이 코트를 가로질러 선 옆에 똑 떨어지면서 선과 공의 거리가 확대되어 나타난 뒤 마침내 화면에 'OUT'이라고 표시되면 관객들은 "와!" 하며 작은 함성, 혹은 탄식을 내뱉습니다. 모두가 함께 눈으로 결과를 확인했고, 그래서 결과에 동의했기 때문에 어떤 불만이나 의혹도 없이 상쾌한 마음으로 다음 플레이에 집중할 수 있게 됩니다. 이 모든 과정은 기분 나쁜 불신과 거북한 단죄의 의식이 아니라 게임 안의 게임, 작은 축제처럼 이루어집니다.

허리케인 카터의 기적을 만들어 낸 것도 결국은 자발적으로 기금을 모금하고 재심 캠페인을 벌이고 판결을 부당성을 적극적으로 알려 나간 깨어 있는 시민들의 노력이었습니다. 민주 사회에서 사법 제도가 올바로 자리 잡는 데 있어서 제도 자체의 완결성보다 한층 중요한 것은 개방과 소통, 그리고 참여를 통해 시민들이 법의 주인으로 바로 서는 것입니다. 최근 우리나라의 법무부, 대법원 등 법 관련 기관들은 청소년과 일반인에 대한 법교육 활동을 강화하고 있습니다. 이런 흐름은 우리나라뿐 아니라 미국, 캐나다, 영국, 일본, 중국 등 세계 각국에서 일반화되고 있습니다.

법은 본질적으로 인간이 모여 사는 사회에서 인간 스스로 규율하기 위해 만든 제도입니다. 법적 판단이 인간에 의해 이루어지는 것이 당연한 본질이고 그 과정에는 인간의 실수와 욕망과 의지가 모두 개입되게 마련입니다. 완벽한 기계를 도입하는 것으로 문제를 해결했다고 착각하는 것보다 중요한 것은 관중석에 앉은 우리가 그저 '구경'만 하는 것이 아니라 눈을 부릅뜨고 그 과정을 지켜보고 환호를 보내고 때로 잘못된 판단에 문제를 제기하여 과연 올바른 판단은 어떤 것인지 '함께' 고민하는 기회를 만들어 내는 것입니다.

인간에 의한 판단을 완전히 배제하는 것이 가능하다고 생각한다거나, 혹은 그것이 더 타당하다고 생각하는 것은 모두 문제가 있습니다. 야구에서 비디오 판독을 한다 해도 그 기준을 정하고 기계를 설치하고 결과를 해석하여 최종적인 결정을 내리는 것은 인간의 몫이듯 법이 만들어지고 적용되고 집행되는 과정에는 반드시 인간의 판단과 선택과 때로는 편견이 개입될 수밖에 없습니다. 그럴 수밖에 없다고 체념하는 것이 옳지 않은 것처럼 그럴 리 없다고 생각하는 것 또한 위험한 맹신입니다.

'완벽'은 신의 영역이지만 '최선'은 인간의 영역입니다. 완벽한 듯 보이는 어떤 기계에 판단을 모두 맡기고 인간은 그저 판단의 대상이나 구경꾼이 되는 것이 아니라, 비록 실수도 있고 때로 혼란스럽지만 모두가 최선을 다해 뛰고 판정하고 환호하는 게임, 그것이 바로 '인간적'인 게임이 아닐까요? 게임을 진정으로 구원하는 것은 비디오 판독이 아니라 바로 모든 사람의 애정과 관심 그리고 의지가 아닐까요? 그것이 불신의 사막을 걸어가고 있는 지금 우리 사법 제도에 진정으로 필요한 구원이 아닐까요?

08

법적 소외는 왜 위험한가?
/ 징크스로 본 주체적 인간의 안간힘

**쓸데없지만
하지 않으면 안 되는**

　　　　　　　　야구의 재미 중 하나는 타석에 들어선 타자들의
다양한 자세를 보는 일입니다. 사실 그간 많은 선수가 시행과 착오를
반복했으면 이제는 표준화된 자세가 나올 법도 한데 타자들이 타석에
서 있는 모습은 여전히 각양각색입니다. 예전 해태 타이거즈의 김성
한 선수처럼 엉덩이를 뒤로 잔뜩 빼고 턱을 당긴 후 수평에 가깝게 배
트를 누이는 경우도 있고, 이대호 선수처럼 산타 할아버지가 선물 자
루를 메듯 배트를 어깨에 둘러멘 자세로 타격을 하는 경우도 있습니
다. 가장 복잡한 자세를 취하는 선수는 단연 삼성 라이온스의 박한이
선수입니다. 자세가 특이한 것이 아니라 그 자세를 취하기 위한 절차
가 까다롭습니다. 어느 책에서 정리한 박한이 선수의 타격 준비 과정

은 다음과 같습니다.

투수가 공을 던질 때마다 박한이 선수는 1) 야구 배트를 오른쪽 어깨에 끼고, 2) 배팅 장갑의 손목 부분에 있는 '찍찍이'를 다시 떼었다 붙이면서 장갑을 꽉 조이게 끼고, 3) 오른손으로 배트를 내리고, 4) 종아리 쪽의 바지 뒷단을 밑으로 끌어당겨서 팽팽하게 만들고, 5) 왼손으로 헬멧을 벗어 냄새를 맡는 것처럼 보이는 동작을 취하고(실제로 냄새를 맡지는 않고 땀범벅이 된 머리를 가지런히 하기 위한 행동이라고 함.), 6) 헬멧을 다시 고쳐 쓰고, 7) 마지막으로 홈 플레이트 앞에 배트로 선을 긋고 타격에 임한다.●

자그마치 일곱 단계에 이르는 이 동작들을 모두 취하려면 평균 24초 정도가 소요된다고 합니다. 게다가 이를 투수가 공을 던질 때마다 반복한다고 하니 풀 카운트(2스트라이크 3볼)까지 가는 승부를 한다면 타격 준비 시간만 2분이나 되는 셈입니다. 2001년에 프로에 데뷔한 박한이 선수는 우연히 이런 동작을 하고 나서 친 공이 안타가 되면서 꼭 이런 동작을 하는 습관을 들였다고 합니다.

그런데 프로야구협회에서는 경기가 너무 지연되는 것을 막기 위해 타자가 준비 자세를 취하는 데 12초 이상 쓰지 못하도록 규칙을 바

● 전우영 『심리학의 힘 P』, 북하우스 2010, 203~204면.

꿨습니다. 준비 시간이 절반으로 줄어들었는데 박한이 선수는 어떻게 대처했을까요? 이 일곱 단계를 더 빨리 해치우고 있다고 합니다. 시간이 없어서 몇 단계를 건너뛰었더니 성적이 안 나와서, 급해도 빨리빨리 일곱 단계를 다 하기로 했다네요.

사실 타격이라는 건 배트와 공이 만나는 순간 결정되기 때문에 그전에 준비 동작을 일곱 가지를 했든 네 가지를 했든 그다지 중요하지 않을 것입니다. 심지어 그런 동작을 하는 선수조차도 그런 믿음이 별로 근거가 없다는 것을 알 겁니다. 그래도 혹시나 하는 마음에 습관처럼 반복하게 되는 행동, 이런 행동을 우리는 흔히 '징크스(jinx)'라고 부릅니다.

국어사전에는 "재수 없는 일. 또는 불길한 징조의 사람이나 물건."이라고 풀이되어 있는 이 단어의 어원에 대해서 월드와이드워즈(World Wide Words) 웹 사이트에서는 두 가지 설을 제시하고 있습니다. 하나는 딱따구리의 일종인 개미핥기새를 지칭하는 그리스 단어에서 비롯했다는 것입니다. 유럽과 아시아에 걸쳐 서식하는 개미핥기새는 암컷과 수컷이 짝짓기를 할 때 서로 마주 보고 고개를 흔들면서 부리를 안쪽이 다 보이게끔 크게 벌리는 묘한 의식을 벌이는데 사람들은 이 새를 신비롭게 여겨서 마법, 마술과 관련된 미신에 결부해 생각했다고 합니다. 그래서 이 새를 가리키는 junx라는 그리스어 단어가 yunx 또는 jynx로 변형되어 전래되면서 현재와 같은 의미로 사용되었다는 것이 첫 번째 설입니다.

두 번째 설 역시 개미핥기새의 습성에서 비롯합니다. 이 새는 놀라거나, 무서운 대상에 경계심이 생기면 마치 이를 피하려는 것처럼 자신의 목을 오른쪽으로 비트는 이상한 습성이 있다고 합니다. 옥스퍼드 어원사전에서는 이를 바탕으로 징크스란 "어떤 사물이나 추적자를 피하기 위해 급히 몸을 돌리는 동작"이라고 설명하고 있습니다. 나에게 달려드는 불운을 피하기 위해 취하는 행동이 징크스라는 것입니다.

종합해 보자면 징크스는 근원이나 원리를 이해할 수 없는 신비한 일, 그중에서도 주로 불행한 결과를 피하기 위해서 하는 미신 행동을 가리키는 말이라고 할 수 있습니다. 중요한 것은 이 단어가 본격적으로 대중들에게 소개되고 사용된 것이 야구를 통해서라는 점입니다. 왜 야구에서는 징크스가 크게 부각되었을까요?

불안이
징크스를 만든다

징크스라는 개념이 엔터테인먼트의 하나로 과대 포장되었다는 주장이 있습니다. 야구가 미국에서 가장 인기 있는 스포츠라는 점을 고려하면 그럴듯합니다. 따지고 보면 별것 아닌 일들, 단순한 습관이나 혹은 뚜렷한 인과 관계를 찾을 수 없는 것들에 도시 전설처럼 억지로 인과 관계를 만들어 사람들의 관심을 끌려다 보니 징크스가 널리 알려지게 되었다는 것입니다.

이와 관련된 유명한 사례로 '표지 저주'가 있습니다. 미국에서 유명한 스포츠 주간지 중 하나인 『스포츠일러스트레이티드』(*Sports Illustrated*)의 표지에 사진이 실리게 되면 부상을 당하거나 기록 행진이 중단된다는 징크스입니다. 창간호 표지 모델인 야구 선수 에디 매튜스부터 잡지 발행 후 손을 다쳐 장기간 경기에 나가지 못했고, 1955년에 표지 모델로 나왔던 스키 선수 질 킨먼트는 잡지가 발행된 그 주에 충돌 사고를 당해 하반신이 마비되었습니다. 심지어 1961년 특집으로 다루어진 미국 여자 피겨 스케이팅 팀은 잡지 발행 이틀 뒤 비행기를 탔다가 추락 사고로 팀원 전부가 사망하기도 했습니다.

심지어 이 잡지 스스로 2002년 1월 호에 "아무도 표지 모델을 하지 않으려 하는 잡지의 징크스는 사실인가?"(The cover that no one would pose for Is the SI jinx for real?)라는 제목 하에 스포츠 징크스에 대한 기사를 실은 적이 있습니다. 지난 2,456개 호의 표지 중에서 913건인 약 37.2퍼센트에서 징크스를 발견했다는 내용이었습니다. 징크스를 인정하는 듯한 이 기사가 실린 2002년 1월 호의 표지 모델은 과연 누구였을까요? 서양에서 불운의 상징으로 여기는 검은 고양이였습니다.

뭔가 그럴듯해 보이지만 이것이야말로 상업적으로 과장된 징크스의 대표 사례라고 할 수 있습니다. 매주 발행하는 주간지의 성격상 수많은 선수들이 표지를 장식하게 됩니다. 2002년 시점에 벌써 2,456개의 표지가 있으니 확률적으로 여기 등장한 사람 중 누군가가 나쁜 일을 당할 가능성은 늘 존재합니다. 게다가 표지를 장식할 정도라면 당시 최고의 기량을 자랑하는 선수일 텐데 신체 능력을 극대화해야 하는 스포츠 경기의 특성상 전성기가 그리 오래 가지 못하는 것은 당연합니다. 또한 스포츠 중에는 카레이싱처럼 위험한 경기도 있으니 사고가 발생할 가능성 역시 상존하지요. 그럼에도 잡지에서는 이를 마치 신비로운 인과 관계가 있는 것처럼 포장한 것입니다. 사람들이 '다음번엔 누가 희생자가 될까?' 하는 궁금한 마음에 잡지를 사기를 기대한 것이겠지요.

하지만 운동선수 입장에서라면 단순히 사람들의 흥미를 끌기 위해 징크스를 만들어 내고 부각한다고 보기는 어렵습니다. 경기 전에 옷을 입을 때 반드시 언더셔츠에서 팬티로 순서를 지켜서 입는다거나, 승리한 경우 다음번에 질 때까지 속옷을 갈아입지 않는다는 것이 드러내 놓고 자랑할 만한 일은 못 되지 않겠습니까? 따라서 징크스를 수행하는 사람의 입장에서는 징크스 자체에 분명히 중요한 의미가 있다고 할 수 있습니다. 그럼 어떤 상황, 어떤 조건에 처했을 때 사람들은 징크스를 믿고 따르게 될까요?

징크스가 발생하는 가장 중요한 조건은 '불안감'입니다. 당장 한 치 앞을 알 수 없는 상황에서 결과가 수시로 바뀌거나 그에 따라 결정적인 변화나 치명적인 문제가 생길 수 있을 때 사람들은 미신에 기대게 됩니다. 오래전부터 징크스가 강하게 작용한 영역 중 하나로 항해가 있습니다.

과거에 섬과 육지, 대륙과 대륙을 연결하는 항해를 통한 무역은 커다란 부를 거머쥘 수 있는 기회였습니다. 하지만 무역이 돈이 되는 이유는 배를 타고 바다에 나가는 것이 그만큼 위험했기 때문입니다. 『베니스의 상인』이나 『몬테크리스토 백작』과 같은 작품에도 항해를 떠난 배들이 난파되어 회사가 파산하거나, 반대로 한두 척이라도 배가 돌아오면 큰돈을 버는 장면들이 묘사되어 있습니다. 지금처럼 항해 기술이 많이 발전해서 레이다와 인공위성을 이용한 항법 장치를 갖추고 축구장 몇 개 크기로 배를 만들어 띄우는 세상에도 해상 사고가 드물지 않은데 나무로 만든 배를 타고 나침반과 별에 의지해서 대양을 건너야 했던 시절이라면 어땠을까요? 그런 시절에 항해란 위험천만하니 행운이 필요한 일로 여기는 것이 당연했을 것입니다. 그래서 뱃사람들 사이에는 수없이 많은 징크스가 떠돌았습니다. 배가 떠날 때 바다에 침을 뱉어야 한다든가 배 타기 전에 빨간 머리의 사람을 만나면 반드시 먼저 말을 걸어야 하고 그러지 못했다면 출항을 미뤄야 한다든가, 배의 이름은 여성 이름이라야 하는데 그 이름의 주인공이 유부녀면 배가 질투할 우려가 있으므로 처녀 이름을 붙여야 한다든가 배에서 내릴 때는 오른발 먼저 육지에 닿아야 한다는 등등 그것만으로도 책을 몇 권 쓸 수 있을 만큼 끝없이 많은 징크스가 있습니다.

재미있는 것은 스포츠 중에서는 특히 야구에 이런 징크스가 많다는 점입니다. 승부에 대한 부담과 불안감이야 모든 스포츠에 공통적으로 있는 것이니 특별히 야구만 더 크다고 볼 이유는 없습니다. 그런데 유난히 야구에 징크스가 많은 것은 징크스의 발생에 불안감 이외에 다른 조건들도 작용한다는 의미일 것입니다. 이에 대해 어떤 심리학자는 야구가 단순하고 동일한 조건이 수없이 반복되는 스포츠라는 점, 경기 진행 속도가 다양한 사건을 기억하기에 충분할 정도로 느리다는 점을 지적합니다.• 여기에 야구는 단체 운동이라는 점도 추가로 지적할 수 있을 것입니다. 징크스는 타인으로부터 학습되거나 집단 사이에 공유되는 경우가 많은데 수십 명이 함께 생활하는 야구팀의 특성상 선배가 후배에게, 혹은 동료 간에 징크스를 전달하거나 혹은 자신이 징크스를 지키는 것을 타인이 지켜보는 것에 민감해질 수 있습니다.

하지만 이런 반복성과 시간 여유가 꼭 징크스로 이어지는 걸까요? 사실 동일한 상황이 수없이 반복되고, 이를 검토하고 평가할 시간이 충분하다면 징크스 같은 미신 행동에 기대기보다는 자료를 토대로 과학적인 예측을 시도하는 것이 더 타당합니다. 실제로 야구는 엄청난 양의 데이터를 바탕으로 한 통계 분석을 모든 팀이 폭넓게 활용하고 있습니다. '스탯'(stat, statistics의 약자)이라고 불리는 이 자료는 워낙 체계적이고 방대하게 축적되어 있어서 어떤 야구팬들은 야구장에 가거나 야구 중계를 보지 않고 오로지 스탯만 분석하는 것을 취미로 할 정도입니다.

이런 통계 야구, 과학적 야구를 우리나라에 도입하여 커다란 성과를 거둔 가장 대표적인 사람으로 김성근 감독을 들 수 있습니다. 감독석에서 노트북에 담긴 자료를 바탕으로 냉정하게 선수 교체나 작전

●　전우영, 같은 책 207면.

을 지시하는 것으로 유명한 김성근 감독은 철저한 분석을 통해 야구의 모든 것을 꿰뚫어 본다고 해서 야구의 신, '야신'이라는 별명을 얻기도 했습니다. 그런데 그는 동시에 징크스에도 매우 민감한 감독으로 알려져 있습니다. 벤치에서 그라운드로 올라가는 세 개 계단 가운데 왼쪽 계단으로 올라가서 승리했다면 반드시 그 계단만을 고집했고, 여기서도 두 계단씩 밟고 올라갔는데 승리했다면 꼭 두 계단씩을 밟고 올라갔다고 합니다. 더 나아가 아침, 점심, 저녁 식사 메뉴나 식사 후 씹는 껌의 개수, 화장실에 가는 시간까지 확인해서 반드시 지키려고 했다니 이 정도면 강박증 수준입니다. 불확실한 미래에 대응하는 가장 과학적인 방법을 따르는 사람이 동시에 징크스의 가장 강력한 신봉자였다는 것은 무엇을 의미할까요?

능동성에 대한 갈망

징크스는 단순한 미신 행동을 넘어서 일정한 효과가 있습니다. 그 효과를 대략 네 가지로 나누어 설명하겠습니다.

첫째, 징크스는 일종의 '멤버십'으로 기능합니다. 에리히 케스트너의 소설 『하늘을 나는 교실』을 보면 학예회에서 연극을 하게 된 고등학생 중 한 명이 다른 학생의 옷에 침을 뱉는 장면이 나옵니다. 지저분하게 무슨 짓이냐고 누군가 화를 내자 "진짜 배우들은 이렇게 하는 거야. 이래야 무대에서 실수를 하지 않는다고."라고 대답했고 그 말을 들은 학생들은 너도나도 사방에 침을 뱉기 시작합니다. 당장 닥쳐올 미래에 대한 불안감 가운데 가장 큰 것은 '정체성'에 대한 불안감일 것입니다. 내가 어떤 일을 잘해 낼 수 있을까, 나는 그런 능력을 갖춘 사람인가, 나는 진짜로 자격 있는 사람인가. 이런 불안감에 시달릴 때 진짜 선수들, 흔히 함께 운동하는 선배 선수들이 하는 행동을 따라 하면 내가 '진짜'가 된 듯한 기분이 들고 또 이미 진짜인 그들과 하나가 되는 느낌이 듭니다.

둘째, 징크스는 미래에 대한 예측이 가능하게 해 줍니다. 예전에 교정 기관에서 일하는 분들과 이야기를 나누다가 미결수들이 수감되는 구치소와, 형이 확정된 사람들이 갇혀 있는 교도소를 비교하면 구치소가 훨씬 일하기 힘들고 사고도 많다는 말씀을 들었습니다. 언뜻 생각하면 재판 결과에 따라 무죄가 될 희망이 있는 미결수들이 더 활기 있고 긍정적일 것 같지만, 실제로는 그렇지 않다고 합니다. 앞으로 어떤 결과가 벌어질지 모르는 상황이라 매우 불안한 심리 상태를 보이고 폭력적으로 변하기도 한다는 것입니다. 이에 비하면 이미 형이 확정된 사람들은 그러려니 하고 현실을 받아들이는 쪽으로 바뀐다고 합니다.

같은 습관을 반복하면서 '예전에 벌어진 일이 이번에도 벌어지게 될 것이다.'라는 암시를 받을 수 있는 징크스는 미래에 대한 불안을 가라앉히는 데 도움을 줍니다. 점을 보러 가는 사람의 심리도 그와 비슷할 겁니다. 미래에 어떤 일이 벌어질지 예측하는 것만으로도 심리적으로 큰 위안을 얻을 수 있지요.

셋째, 혹시 바라던 바를 이루지 못했거나 시도한 일이 실패했을 때 징크스는 책임 전가를 통해 자아를 보호하는 기능을 발휘하기도 합니다. 월드컵에서 전통의 강호 브라질 대표 팀이 비교적 약체로 평가되는 미국 대표 팀에 패배했다고 가정해 봅시다. 브라질 선수들은 스스로 생각하는 자신들의 수준과 실제 결과 사이의 간극 때문에 혼란스럽고 괴로울 것입니다. 이럴 때 등장하는 것이 이른바 '펠레의 저주'입니다. 브라질 출신의 전설적인 축구 선수인 펠레는 이상하게도 은퇴 후 언론 인터뷰에서 승부를 예상할 때마다 이길 것이라고 예상한 팀이 늘 패배했습니다. 그래서 '펠레의 저주'라는 징크스가 유명해졌습니다. 만약 펠레가 브라질이 이길 것이라고 예상했다면 이 징크스 때문에 패한 것이라는 해석이 가능해집니다. 물론 이런 징크스를 있는 그대로 다 받아들일 사람은 그리 많지 않을 것입니다. 하지만 스스로에 대한 이미지, 즉 자아가 크게 변하거나 무너질 위기에 있는 사람들에게는 이런 사소한 장치라도 적지 않은 위안이 될 수 있습니다.

그런데 징크스의 가장 중요한 기능이자 특징은 바로 네 번째로 제시할 '능동성'에 있을 겁니다. 앞서 징크스가 발생하는 가장 중요한 조건은 미래에 대한 불안감이라고 언급했습니다. 사람들을 가장 힘들게 하는 것은 결과가 '미래'에 발생할 것이기 때문에 '지금' 당장은 아무것도 할 수가 없다는 것입니다. 미래에 도래할 결과보다 더 힘든 것은 그런 무력감과 열패감입니다. 그래서 지금 할 수 있는 일이 있다는 것은, 사소하거나 혹은 무의미해 보일지라도 지금의 나에게 엄청나게 위안이 됩니다. 메이저 리거 중 다양한 징크스에 집착했던 것으로 유명한 웨이드 보그스가 한 말은 징크스가 갖는 이런 효과를 잘 보여 줍니다.

> "만약 (미신이) 하나나 두 가지밖에 없으면 긴 하루 동안 할 일이 없지 않은가. 그래서 하루를 금방 보내기 위해 80가지에서 100가지쯤을 만들었고, 그것들이 잘 맞아떨어졌다. 일과가 어떻게 돌아가는지 나는 명확하게 알고 있다. 그러면 훨씬 편안하고, 야구를 하는 데 꼭 필요한 마음 상태를 유지할 수 있다."[●]

미신에 집착한다는 세간의 평가와 달리 보그스 자신은 징크스를 그리 믿지 않았다는 점이 놀랍습니다. 그는 현재의 불안감을 해소하는 능동적 행위로써 징크스의 효과를 분명히 인식하고 있었던 것입니다.

징크스는 '객체적 믿음'이 아니라 '주체적 행위'입니다. 시시각각 다가오는 불안한 미래에 대해 내가 아는 모든 수단을 동원해 준비하고 대항하고 해결하려는 능동적 행위의 징표와 같은 것입니다. '현미경 야구'로 불릴 만큼 모든 데이터를 종합하여 치밀하게 경기에 임했던 김성근 감독이 징크스에 집착하는 것은 '과학과 미신의 부조화'라

● 민훈기 「'미신 종결자' 보그스와 미신 효과」, www.minkiza.com, 2011. 7. 4.

는 모순적 현상이 아니라 '승리에 대한 강한 의지' 하나로 설명될 수 있는 일관된 행동이라고 볼 수 있습니다.

법적 소외라는 위험

징크스가 보여 주는, 인간의 능동성에 대한 강렬한 갈망은 법에도 커다란 시사점을 던져 줍니다. 징크스의 핵심적인 조건인 불안감은 미래에 대해서만 존재하는 것이 아닙니다. 아마 성인이라면 누구나 사회에 처음 나왔을 때 느꼈던 불안을 기억할 겁니다. 너무나 거대하고 복잡하고 치열해서 무섭게만 느껴지던 '사회', 사고로 가득한 것 같은 세상에 대해, 어쩌면 어느 정도 세상살이에 익숙해졌다고 느끼는 사람들도 여전히 공포와 불안을 품고 있을지 모르겠습니다.

법이 가진 중요한 사회적 기능의 하나는 이런 괴물 같은 세상을 최소한의 예측 가능성을 가진 곳으로 만들어 낸다는 것입니다. 분쟁을 해결하고 정의를 구현한다는 거창한 목표 이전에 수행하는 기능이지요. 운전면허를 따고 처음으로 거리에 차를 몰고 나갔을 때, 저는 사람들이 이 거대하고 무지막지한 힘을 가진 쇳덩어리 물건을 손쉽게 다룬다는 사실이 놀라웠습니다. 쇳덩어리들끼리 불과 수십 센티의 거리를 두고 엄청난 속도로 아무렇지도 않게 지나친다는 점이 경이로웠지요. 조금만 옆으로 비껴 나가도 크게 다치거나 생명이 위험할 수도 있는 상황에서 심지어 음악을 듣고 옆 사람과 대화하는 여유를 부리는 것이 제정신으로 할 수 있는 일일까요?

하지만 저 역시 다른 사람들처럼 이내 위험에 대한 불안을 잊게 되었습니다. 그건 어디까지나 교통 시스템과 법규가 만들어 낸 예측 가능성의 효과였습니다. 어느 시점에 차가 가고 어떤 신호에 정지하며 어떻게 차선을 바꿀 것인지에 대해 운전자 모두가 알고 따를 것이라는 전제를 받아들이게 되자 운전은 더 이상 두려운 것이 아니었고 나아가 여가의 일부로 '드라이브를 한다'는 말이 갖는 의미도 알게 되었습니다.

하지만 법은 기본적으로 사람들을 수동적인 위치에 고정시킨다는 한계가 있습니다. 법은 '이미 있는 것'이고 사람들은 이에 '따르는' 일방적인 구조가 당연시됩니다. 때로는 매우 체계적으로 일반 시민들이 법으로부터 배제됩니다. 법률 용어는 어렵고, 판결문은 이해할 수 없는 표현들로 가득 차 있습니다. 어떤 법학자는 심지어 "법조문은 법조인들만 이해할 수 있게 쓰여야 한다."라고 주장하기도 합니다. 이렇게 법의 주인이 정작 자신의 피조물인 법으로부터 외면받고 내쳐지는 현상을 '법적 소외'(legal alienation)이라고 부릅니다.

이런저런 소외 끝에 결국 '나는 법의 주체가 될 수 없을 것'이라고 느낄 때 사람들은 어떻게 행동하게 될까요? 그냥 그러려니 하고 외부로부터 부과된 법을 받아들일까요? 그보다는 법 아닌 어떤 해결책을 찾아 나서는 것이 자연스럽지 않을까요? 예측할 수 없는 내일의 경기 결과를 어떻게든 좋게 만들기 위해 양말을 뒤집어 신고 손톱과 머리를 기르고 보도블록의 경계선을 밟지 않으려고 좌로 우로 뛰는 것이 인간입니다. 닥쳐올 미래의 결과보다 더욱 두려운 현재의 무력감을 극복하기 위해 인간은 무엇이든 할 것입니다. 그것은 정화수를 떠 놓고 두 손 모아 빌거나 무당을 찾아가 부적을 사는 등 소극적인 형태일 수도 있지만, 그보다 훨씬 현실적이고 부정적인 형태로 나타날 수도 있습니다.

합리적인 법,
불합리한 징크스?

예전에 어느 기관의 의뢰를 받아 국민의 법의식을 조사한 적이 있습니다. "법적인 문제에 부딪쳤을 때 어떻게 하십니까?"라는 질문에 가장 많은 사람이 응답한 내용은 "아는 사람을 찾아간다."였습니다. 이 대답에는 두 가지 함의가 있습니다. 하나는 수많은 법률 상담소와 변호사들의 존재에도 불구하고 사람들은 법적 절차에 직접 접근하는 데에 명백한 거부감을 가지고 있다는 것입니다. 다른 하나는 '아는 사람'을 찾아갈 때 때로는 비(非)법적인 요청과 기대를 갖고 있으리라는 것입니다. 실제로 많은 사람들이 친척과 친구 동원하기, 읍소, 뇌물, 시위, 억지 부리기 그리고 법조인들이 흔히 이야기하는 '떼 법'에 이르기까지, 그렇게 해서 해결될 리 없고 해결되어서도 안 될 방법들을 끝없이 동원합니다. 그런 노력이 무의미하다고 할 수만은 없습니다. 비법적인 방법이라 할지라도 실제로 효과를 발휘할 때도 있고, 별다른 성과가 없다 할지라도 징크스가 그렇듯이 적어도 '무언가를 하고 있다'는 안도감을 주기 때문입니다. 이들을 법의식이 부족하다거나 이기적이라고 폄하하는 것도 옳지 않습니다. 시민들이 그렇게 '억지스러운' 방법에 매달릴 정도로 절박해진 것은 법의 문이 아무리 두드려도 열리지 않아 '접근 불가능한 미래'로 여겨질 만큼 사람들을 좌절시켰기 때문이니까요.

우리는 흔히 법을 보편성과 인과 관계로 이루어진 합리적인 논리 체계라고 생각합니다. 그리고 법에 의한 지배가 바람직하다고 생각합니다. '법치'란 이해관계에 얽혀 있고 편견에 사로잡힌 인간의 판단이 배제되고 논리 체계로써 법에 미리 정해진 바대로 결정이 이루어지는, 인간에 의한 지배(人治)가 아닌 법 자체가 주체가 된 지배를 의미합니다. 하지만 결국 법을 만들고 적용하는 것 또한 인간의 일이고 더 나아가 법이 다루는 대상들이 근본적으로 모두 인간이 개입된 일들입니다. 따라서 법치를 지나치게 강조하는 것은 사실상 법을 만들고 적용하는 소수의 사람만이 법에 개입하고 나머지 사람들은 그에 수동적으로 따르기만을 강요하는 논리로 귀결됩니다. 우리의 일, 나의 문제에 주인이 될 수 없고 대상이 되기만을 끊임없이 강요당하는 법적 소외가 반복되는 것입니다. 그 자체로 논리 체계라고 할 수 있는 스포츠에서조차 징크스를 통해 주체성을 확보하려고 애쓰는 것이 인간임을 생각해 보면 법에 외면당한 이들이 학연, 지연, 혈연, 감정과 인지상정에 호소하는 것은 부당하고 어리석은 행동이 아니라 무엇이든 하지 않을 수 없는 인간 본연의 안간힘이라고 보는 것이 타당합니다.

그 끝에는 무엇이 있을까요? 법 안으로 들어설 수도 없고, 법 바깥에서 노력해도 통하지 않을 경우 사람들에게 남는 선택지는 단 하나, 법 자체를 부정하는 것뿐입니다. 법적 소외, 사람들이 법에 대해 갖는 무력감은 법 제도와 법치에 대한 근본적인 위협입니다.

민주주의 사회를 지탱하는 법치의 원칙은 법을 완벽하게 만들고 인간의 개입과 변경을 가로막는 방식으로는 성취되지 않습니다. 반대로 법에 드리워진 장막을 걷어 버리고 더 많은 사람이 법의 문제에 개입하게 함으로써 가능해집니다.

이와 관련해서 최근 주목받고 있는 개념이 '시민 법교육'(Public Legal Education, PLE)입니다. 법 전문가가 아닌 일반인들을 대상으로 한 법교육을 의미합니다. 예를 들어 캐나다에서는 사법 시스템에 일반인들의 접근성이 떨어지는 것이 빈곤의 원인 중 하나라고 보고 복지 서비스의 일환으로 연방 법무부 차원에서 시민 법교육 사업을 하고 있습니다. 영국의 경우 주민들의 반발과 충돌이 발생할 수밖에 없는 재개발 사업 전에 6개월간 민간 법교육 전문가들이 지역에 들어가서 재개발과 관련된 법들과 스스로 권리를 지키는 방법 등을 교육했더니 재개발 협상이 원만하게 이루어져 사회적 비용을 크게 줄인 사례도 있습니다. "사공이 많으면 배가 산으로 간다."라는 옛말이 있지만 민주 사회에서는 반대로 '모두가 사공이 되어야 배가 빨리 간다.'

혹은 '혼자 노를 저으면 배가 어디로도 가지 못한다.'라고 바꾸어 말해야 할 겁니다.

먼바다를 항해하는 일이 위성 항법 시스템과 더 튼튼한 선체와 강력한 엔진 덕분에 훨씬 더 예측 가능한 것, 사람들이 통제할 수 있는 안전한 것이 되면서 뱃사람들 사이에 수없이 떠돌던 징크스들이 자취를 감추고 있습니다. 사람들이 법에 대해 더 많이 알고 참여하고 때로 변화시키면서 법을 스스로 통제하고 또 기댈 수 있는 든든한 대상으로 여길 때 법은 비로소 실효성을 가질 수 있습니다. 언젠가 세상이라는 거친 파도를 헤치고 나아가는 사람들 사이에 징크스와 도시 전설들이 줄어든다면, 그것은 우리의 항해가 조금 더 안전하고 행복한 것이 되어 가고 있다는 증거라고 해도 좋지 않을까요?

법의 빈틈

법이라는 산맥, 상식이라는 대지

09

왜 어떤 위반은 용인할까?
/ 벤치 클리어링과 관행적 폭력의 배경

**벤치를 비우고
다들 어디 가지?**

이 책에 가장 많이 등장하는 스포츠는 야구입니다. 가장 복잡한 규칙들로 구성된 스포츠라서 생각할 거리가 많아 그렇게 된 것이지 제가 특별히 야구를 좋아하는 편은 아닙니다. 제가 가장 좋아하는 스포츠는 테니스입니다.

테니스에서는 '훈훈한' 모습을 자주 볼 수 있습니다. 공이 네트를 맞고 요행히 상대편 코트로 넘어가서 점수를 땄을 경우 손을 들어 미안하다는 사인을 보내기도 하고, 상대 선수가 멋진 플레이를 펼치면 라켓을 손으로 두드려 박수를 보내기도 하지요. 직접적인 신체 접촉이 없는 스포츠여서 그럴 수 있을 겁니다.

이에 비해 야구는 분위기가 사뭇 다릅니다. 투수가 던진 공이 타자를 맞히는 '데드 볼'이 발생했을 경우, 잘못 맞으면 생명이 위험할 수 있는데도 불구하고 투수가 사과하는 모습을 보기 힘듭니다. 상대편에 약한 모습을 보이면 안 되기 때문이라고 하더군요. 더 나쁜 경우는 이런 위험한 투구를 고의적으로 하는 것입니다. 이른바 '빈 볼(bean ball)'이라고 불리는 것인데 타자의 머리를 콩에 비유한 표현으로, 일부러 머리 쪽으로 던지는 공을 말합니다. 타자를 위협하는 전략 중 하나라는데 격투기도 아니고 구기 종목에서 위협이 전략으로 동원되는 것이 타당한지 모르겠습니다. 위협으로 끝나는 것이 아니라 정말로 타자의 몸을 공으로 맞히는 경우도 있습니다. 대개 상대편의 어떤 행위에 대한 응징 차원에서 일부러 하는 것이기 때문에 '보복성 빈 볼'이라고 불립니다.

예를 들어 2014년 4월 20일 한화와 엘지의 경기에서 2루로 뛰어든 한화 정근우의 슬라이딩이 거칠었다는 이유로, 엘지 투수 정찬헌이 정근우의 다음번 타석에서 몸 쪽을 겨냥한 공을 여러 차례 던졌고 결국 어깨를 맞혔습니다. 자칫하면 얼굴을 크게 다칠 뻔한 위험한 상황이었습니다.

이런 상황이 벌어지면 양 팀 벤치에 앉아 있던 모든 선수와 스태프가 그라운드로 뛰쳐나와 엉키곤 합니다. 벤치를 비우고 모두 뛰어나간다고 해서 '벤치 클리어링'이라고 하지요. 용어 자체는 참 중립적이지만 어렸을 때 처음 이 장면을 보고 어찌나 놀랐는지 모릅니다. 야구장에서 이른바 패싸움이 벌어지다니 정말 충격적이었죠. 하지만 꼬마가 충격 속에 '기대'하던 장면은 벌어지지 않았습니다. 다들 액션영화의 한 장면처럼 당장 주먹다짐이라도 벌일 기세로 뛰어나오긴 했는데 서로 적당히 밀고 당기고 혹은 말리다가 그냥 벤치로 들어가더군요. 더 놀라운 것은 그렇게 난장판이 벌어진 다음에 심판이 아무 일 없었다는 듯이 경기를 속개시키고 선수들도 게임을 계속 이어갔다는 점이었습니다.

야구를 계속 보다 보니 그런 일이 그리 드물지 않더군요. 몇 경기에 한 번쯤은 이런 보복성 빈 볼이 발생했고 또 그중 몇 번에 한 번쯤은 벤치 클리어링이 발생했지만 언제나 적당히 엉겨 붙다가 벤치로 돌아가기를 반복했습니다. 심지어 어떤 경기에서는 우르르 뛰어나와서는 몸싸움하는 선수들 뒤에서 웃으며 장난치는 선수도 있었습니다.

야구의 벤치 클리어링을 보면서 어렸을 때 느꼈던 의아함은 '왜 아무 일도 벌어지지 않을까? 그럴 거면 뭐하러 힘들게 뛰어나갈까?'였습니다. 하지만 나이가 들어서는 그 반대편에서 의문이 들었습니다. 직접 치고받지 않는다 해도 게임의 질서와 규칙을 송두리째 뒤집는 이런 상황을 심판은 왜 용인하는 걸까? 왜 이런 아수라장이 벌어진 다음 벤치 클리어링 자체로는 아무도 징계를 받지 않는 걸까? 심지어 빈 볼이나 벤치 클리어링에도 법칙이 있다는 글이 공공연히 매체에 실리는 것은 어째서일까?[*] 그건 '불법도 법에 따라 저질러야 한다.'처럼 완

● 이상학 「빈 볼도 법칙 있다─정찬헌·정근우 사구의 교훈」, 『OSEN』 2014. 4. 22.

전히 모순된 말이 아닐까?

　이런 '용인된 폭력'은 야구에만 있는 것이 아닙니다. 북미 지역에서 큰 인기를 얻고 있는 아이스하키에서는 훨씬 더 심각한 수준의 폭력이 '체계적'으로 이루어집니다. 일단 아이스하키 팀마다 싸움을 전담하는 '엔포서(enforcer)'라는 선수가 있습니다. 이 선수는 하키 실력이 좀 떨어지더라도 험악한 인상과 큰 덩치를 앞세워 주로 몸싸움을 하거나 상대방에게 시비를 거는 역할을 담당합니다. 진정한 의미에서 전투 전문 요원이라 하겠습니다.

　싸움의 과정도 거의 정해져 있습니다. 물론 북미 아이스하키 리그(NHL)의 공식 규칙에 싸워도 된다거나 이런저런 절차를 거쳐 싸우라는 조항은 없습니다. 하지만 통상 두 팀 간에 시비가 붙고 양쪽 선수가 스틱과 장갑을 던지면 곧장 싸움에 들어가는 신호라고 볼 수 있습니다. 이때 시비가 붙은 두 선수만 주먹질을 벌이고 나머지 선수들은 멀찍이 떨어져서 개입하지 않는 것이 불문율입니다. 싸움이 벌어지면 진짜 주먹이 날아가고 코피가 터지는데 심판들은 말리지 않습니다. 몇 차례 주먹이 오가고 한 선수가 쓰러지거나 크게 다칠 수 있는 위험한 상황이 되었다고 판단되면 그제야 심판이 개입합니다. 하지만 경기장에서 심각한 폭력 행위를 벌인 두 선수를 퇴장시키는 것이 아니라 5분간 벤치에 물러나 있는 페널티만 관행적으로 부과합니다. 이쯤되면 심판은 싸움을 말리고 처벌하는 사람이 아니라 오히려 조장하는 사람처럼 보일 지경입니다.

정말 이상한 일 아닌가요? 벤치 클리어링과 아이스하키에서의 폭력은 법이 법 바깥에 있는, 법 자신을 파괴하는 불법을 인정하고 심지어 옹호하는 사례들입니다. 법에 어긋나는 폭력 행위를 지속적으로 묵인하는 이런 사례에 저는 '관행적 폭력'(conventional violence)이라는 이름을 붙이고자 합니다. 관행적 폭력은 왜 발생하고 인정되는 것일까요?

벤치 클리어링의
노림수

그 전에 먼저 벤치 클리어링은 왜 벌어지는 걸까요? 선수들의 입장에서 몇 가지 이유를 생각해 볼 수 있습니다.

첫 번째는 '보복과 위협'의 차원입니다. 앞서 언급한 정근우 선수의 사례에서도 나타났듯이 팀 경기에서 우리 팀 선수가 상대방 선수로부터 위험한 플레이를 당했거나 심지어 다쳤다면 응당한 보복을 하고 다시 그런 일이 없도록 위협을 가하는 것입니다. 2006년 열린 월드베이스볼클래식 야구 경기에서 일본 대표 팀의 이치로 선수는 경기 전 "한국이 향후 30년간 일본에는 절대로 이길 수 없겠다고 느낄 정도로 확실히 이기고 싶다."라는 이른바 '30년 망언'을 해서 화제가 되었습니다. 크게 분노한 우리나라 선수들은 일본과의 경기에서 타석에 나선 이치로를 공으로 맞혀 응징하려 했고 실제로 배영수 투수가 고의로 몸 쪽에 공을 던져 맞히는 사태가 벌어졌습니다. 이후 인터뷰에서 일부러 맞혔다는 사실을 당당히 밝히기도 했습니다. 다행히 이때는 별일 없이 지나가긴 했지만 이런 상황에서 일본 팀 선수들이 벤치 클리어링을 벌일 수 있는 것입니다. 혹은 크게 이기고 있는 팀에서 번트를 대거나 도루를 하는 경우, 지고 있는 팀에서 일부러 자신들을 약 올리는 거라고 받아들여서 다툼이 벌어지고 벤치 클리어링으로 이어지기도 합니다.

두 번째는 선수들을 단합시키고 팀 분위기를 일신하기 위한 목적입니다. 2014년 4월 8일 목동 구장에서 열린 넥센과 기아의 경기에서 2연패 중이던 넥센이 기아의 타자 김주찬을 맞혔고 벤치 클리어링이 일어났습니다. 고의인가 아닌가를 두고 논란이 일었지요. 그런데 정작 사구를 맞은 건 기아인데 오히려 벤치 클리어링 중에는 사구를 던진 넥센 선수들, 특히 고참 선수들이 더욱 흥분하는 기이한 장면을 연출했습니다. 침체된 팀 분위기를 바꾸려고 의도적으로 그런 것이 아닌가 싶었습니다. 실제로 넥센은 이 벤치 클리어링 이후 7연승을 거두며 리그 1위까지 올라갔습니다.

세 번째는 엔터테인먼트 차원에서 폭력이 조장되는 측면을 들 수 있습니다. 북미 아이스하키 리그에서는 관중이나 중계방송을 보는 시청자들이 이런 싸움을 기대하기 때문에 텔레비전 중계를 하는 캐스터가 선수들을 소개하면서 각 선수의 싸움 스타일과 펀치 강도를 비교하기도 합니다. 실제로 싸움이 벌어지면 권투 중계하듯이 싸움을 중계하면서 미리 준비해 놓은 두 선수의 신장과 체중, 싸움 전력 등을 자막으로 띄우기도 하지요.

권투나 이종 격투기처럼 '싸움 그 자체'가 스포츠로 받아들여지기도 하는데 아이스하키에서 격투 요소를 게임의 일부로 추가한들 뭐가 문제인가 하는 사람들도 있습니다. 하지만 격투기는 격투 자체를 게임의 요소로 보는 반면 야구나 아이스하키 등에서는 주먹싸움이나 상대방을 일부러 공이나 배트로 때리는 행위 등은 당연히 금지되어 있다는 근본적인 차이가 있습니다. 즉, 이 경기들에서 폭력이 용인되는 것은 완전히 비공식적인 것이며 이런 관행들은 공식적인 규칙과 정면으로 충돌합니다. '지켜야 하지만 어겨도 된다'는 법이 있다면 이미 그 법은 존재하지 않는 법이 됩니다. 이런 자기모순을 알면서도 폭력 행위들을 용인한다면 앞서 열거한 개인적이고 부차적인 요인들보다 좀 더 근본적인 이유가 반드시 있을 것입니다.

관행적 폭력이
용납되는 이유

이에 대해 많은 스포츠 전문가는 '불문율'을 지적합니다. 야구는 기본적으로 매우 위험한 운동입니다. 투수가 던지는 공은 시속 100킬로미터에서 빠르게는 시속 160킬로미터에 이르는 어마어마한 속도를 자랑합니다. 가끔 뉴스에서 쇳덩어리 자동차가 박살 나는 자동차 충돌 시험 장면이 나오곤 하는데, 그때 테스트 기준 속도가 대개 시속 60킬로미터에 불과합니다. 그 두 배가 넘는 속도로 딱딱한 공이 타자의 몸, 심지어 머리에 날아올지 모르는 상황을 생각하면 야구란 목숨을 내놓고 하는 스포츠라는 느낌이 들 정도입니다. 실제로 1920년 8월 16일 뉴욕 양키스의 투수 칼 메이스가 던진 공에 머리를 맞은 클리블랜드 인디언스의 레이 채프먼이 이튿날 사망했고, 1937년에도 디트로이트 타이거스의 미키 코크런이 머리에 공을 맞은 후유증으로 은퇴하기도 했습니다. 또 타자가 들고 나오는 배트나, 미끄러지지 말라고 운동화 바닥에 박아 놓은 징은 그 자체로 흉기가 될 수 있습니다. 타자가 실수로 배트를 놓치거나 고의로 던지는 경우, 슬라이딩하면서 발을 높이 들어 수비수의 다리를 걸어차는 경우 등은 모두 생명에 위협을 줄 수 있는 상황입니다.

아이스하키는 한술 더 뜹니다. 돌덩이 같은 경화 고무로 만들어진 퍽이 시속 150킬로미터로 사방에서 난무하는 가운데 골키퍼를 포함해 모든 선수가 단단하고 커다란 스틱을 휘두르며 다닙니다. 스케이트 날은 칼날과 같아 손에 닿으면 그대로 베이는 데다 잠시만 정신을 놓고 있어도 사방에서 야수 같은 선수들이 온몸으로 부딪쳐 오는 이른바 '보디 체크'로 나가떨어지기 일쑤입니다. 말 그대로 목숨 걸고 하는 스포츠인 셈입니다. 이렇게 위험하다 보니 명시적 규범 이외에도 선수들이 스스로를 보호하기 위한 불문율이 생겨났다는 것입니다.

명시적 규범에도 이런 반칙들을 제재하는 내용이 있지만 이미 사태가 벌어진 뒤에는 '너무 늦게 도착한 정의'가 되어 버릴 때가 많기 때문에 더욱 강력하고도 직접적인 '자력 구제'(사건의 당사자가 자기 힘으

로 문제를 해결하는 것) 원칙이 도입되었다는 것입니다. 불문율이 현상
적으로는 명시적 질서의 빈 곳을 메우는 보조적 질서로 작용하는 것
입니다.

이런 관점에서 보면 많은 것이 설명될 수 있습니다. 예를 들어 미국
메이저 리그에 비해 우리나라에서 벤치 클리어링 횟수가 적거나 덜
격렬한 양상을 띠는 것에 대해 우리나라는 '끈끈한 선후배 문화'[*]가
이미 불문율이자 눈에 보이지 않는 질서로 작동하고 있기 때문에 폭
력적 제재의 필요성이 상대적으로 덜해서 그런 것이라고 보기도 합니
다.[**] 아이스하키의 경우에도 일견 싸움을 조장하는 듯 보이지만 맨
주먹 외에 어떤 도구도 사용하지 않도록 엄격히 제재하고 있으며, 만
약 이 싸움에 제3의 선수가 개입할 경우 10게임 출장 정지에 벌금 1만
달러라는 엄청난 제재를 가하여 싸움이 확대되지 않도록 '관리'하고
있습니다. 즉 위험한 경기에서 발생하기 마련인 폭력에 대해 최소한
의 예외를 인정하고 관리함으로써 더 큰 사태가 벌어지는 것을 막는
것이 이런 관행적 폭력들이 용인되는 이유라고 할 수 있습니다.

이렇게 생각하면 벤치 클리어링을 용인하는 것은 아주 합리적이고
현명한 운영 방식처럼 보입니다. 어차피 인간들이 하는 게임에서 완

----

[*] 끈끈한 선후배 문화는 비단 선수 간의 관계에 머무르지 않고 선수와 감독 간, 더 나아가 대개
선수 출신으로 구성되는 심판과 선수 간의 관계에도 적용됩니다. 우리나라에서 메이저 리그보
다 심판에 대한 항의가 많고 강력한 것이 선배 감독과 후배 심판의 구조에서 비롯한다고 보는
시각도 있습니다. 불문율은 어느 지점에서는 반드시 성문율과 충돌함을 보여 주는 사례가 아
닐까 생각합니다.

[**] 배지헌 「우리의 불문율을 찾아서」 네이버 스포츠, 2013. 5. 24.

벽한 규칙을 적용하는 것이 가능하지 않다면, 더 나아가 규칙 위반을 일부 용인하는 것이 '재미있는 게임'이라는 최종적인 목표에 부합한다면 얼마든지 받아들일 수 있는 예외가 아닐까 싶기도 합니다.

하지만 게임의 법칙 차원에서는 그렇게 간단하게 고개를 끄덕이고 넘어갈 수 있는 문제가 아닙니다. 이런 제재를 법의 차원에서 용인하면 '자력 구제의 인정'이라는 측면에서 모순이 발생합니다. 각 구성원이 자신의 문제를 해결하기 위해 사적 강제력을 수시로 행사할 경우 힘이 더 강한 자와 약한 자 사이에 차별이 발생합니다. 말 그대로 약육강식의 세계가 되는 것이지요. 더 나아가 강제력의 위임과 독점을 통해 형성된 이른바 '공권력' 혹은 법치 시스템에 심각한 균열이 생깁니다. 따라서 법치 국가에서는 자력 구제를 금지하는 것이 원칙입니다. 벤치 클리어링을 인정하는 것은 그 자체로 공식적 규범의 자기 부정 행위가 되는 셈입니다.

좀 더 심각한 문제는 그런 폭력 행위들은 공식 규범이 금하는 행위들이라는 점에서 규범과 정면으로 충돌한다는 점입니다. 그런데도 강력한 제재를 가해야 할 심판들이 오히려 폭력을 묵인하거나 심지어 관리하는 듯한 태도를 보이는 것은 규범을 자의적으로 적용하는 것을 넘어 규범의 권위와 역할을 부정하는 상황이라고 볼 수 있습니다.

하지만 실제로 경기를 지켜보는 우리들은 익숙해져서인지 이런 상황에서 별다른 모순을 느끼지 못합니다. 혹은 앞서 제시한 이유들을 근거로 저런 행위들이 필요하고 중요한 요소라고 인식하기도 합니다.

게임의 법칙을 파괴하는 예외가 게임 그 자체에는 필요한 상황, 여기에서 우리는 중요한 전환점에 도달하게 됩니다. 규범과 시스템은 같은 것이 아니라는 깨달음입니다.

일반적으로 시스템은 규범의 다발로 조직된다고 여겨집니다. 일종의 뼈대나 실핏줄처럼, 무에서 유를 만들어 내고 게임, 조직 혹은 국가라는 거대한 시스템을 실체로 구성해 내는• 것이 바로 규범이지요. 그러니 '때로 규범을 어기는 것이 필요하거나 심지어 필수적'이라는 점을 인정하려면 규범이 그 자체로 시스템이 아니라는 전제를 먼저 받아들여야 합니다. 시스템(혹은 체제, 국가, 공동체, 사회 등 무엇으로 부르든 간에)이 존재하고 원활하게 돌아가기 위한 도구이자 요소의 하나로써 규범이 존재할 뿐이며, 따라서 규범을 어기는 것이 시스템에 도움이 된다면 규범은 언제라도 무시될 수 있지요.

따지고 보면 스포츠야말로 본질적으로 사회 내에서 허용되기 어려운 행위들을 제한적으로, 관리되는 범위 내에서 허용하여 사회 구성원들에게 대리 만족을 제공하고 욕망, 사회적 불만 등이 끓어넘쳐 폭발하지 않도록 조절하는 기능을 하는 것인지도 모릅니다. 타인을 주먹이나 발로 때리고 쓰러뜨리고 다치게 해서 피가 나게 하는 행위들이 단지 사각의 링 안에서 심판과 관중들이 보는 앞에서 이루어진다는 사실만으로 완벽하게 합법성을 획득하는 것은 어떤 논리로도 설명

●   최고의 법, 법 중의 법인 헌법(constitution)의 어원이 구성하다(constitute)인 것은 결코 우연이 아닐 겁니다.

하기 어려울 것입니다.[*]

좋음과 옳음의
사이에서

이제 우리는 갈림길에 서 있습니다. 한쪽 길의 끝에는 '옳음'이라는 팻말이 붙어 있습니다. 그것은 원칙을 지키는 것, 이성에 근거한 논리적인 합의를 도출해 이를 일관되게 따르는 것입니다. 인간이라면 반드시 지켜야 할 도덕적 원칙이 의무처럼 존재한다는 생각이므로 '의무론'이라고 부르기도 합니다. 이 팻말의 발치엔 질서와 정체성, 도덕적 자긍심, 예측 가능한 안정성과 구성원 간의 공평무사, 그리고 신뢰라는 선물이 쌓여 있습니다.

다른 쪽 길의 끝에는 '좋음'이라는 나무가 서 있습니다. 원칙과 도덕성을 유연하게 해석하거나 혹은 어겨서라도 결과적으로 '좋은' 결과에 이를 수 있다면 그렇게 해야 한다는 것입니다. 결과의 좋음을 우선시하기 때문에 '결과론'이라고도 부르는데 대표적인 이론으로는 '최대 다수의 최대 행복'을 선이라고 주장하는 공리주의가 널리 알려져 있습니다. 이 나무엔 효율성, 더 많은 성취와 더 적은 희생, 유연함과 정서적 공감이라는 열매가 주렁주렁 매달려 있습니다. 우리는 어

● 대개 법에서는 격투기에서 상해를 입을 때 폭력 행위 등으로 처벌하지 않는 이유를 '상대방의 승낙이 있었기 때문에 위법성이 없는 예외 사항, 즉 법률 용어로 '위법성 조각'에 해당하기 때문이라고 설명합니다. 하지만 일상생활에서 "칠 테면 쳐 봐!"라고 해서 쳤더니 머리에서 피가 났을 뿐이라는 설명으로 처벌을 면할 수는 없을 것입니다.

떤 길을 택해야 할까요?

　사회 과학 서적으로는 보기 드문 베스트셀러였던 마이클 샌델의 『정의란 무엇인가』라는 책에 담긴(실은 다른 책에서 이미 소개되었던 사례를 샌델이 가져온 것입니다.) 유명한 딜레마인 '기관사의 문제'를 살펴봅시다. 브레이크가 고장 난 기관차를 몰고 있는 기관사가 그대로 진행하면 다섯 명을 들이받게 되고 옆 레일로 옮겨 가면 한 명을 들이받게 되는 상황에서 어떤 선택을 할 것인가 하는 문제였습니다. 이 문제에서 핵심은 '다섯 명보다 한 명이 죽는 것이 결과적으로 낫다.'라고 '결과적 좋음'의 관점에서 판단하는가 아니면 '사람의 생명은 똑같이 존엄한데 그대로 진행하면 사고지만 선로를 바꾸면 의도적 살인이 되니 윤리적으로 잘못된 선택이다.'라고 '동기적 옳음'에서 판단하는가 하는 점입니다.

　일반적인 사람이라면 삶에서 누구도 완전히 어느 한쪽 입장에서만 판단하지 않습니다. 좋음과 옳음의 문제는 어떤 판단에나 공통적으로 내재되어 있습니다. 이런 문제가 결과를 고려하여 상황에 따라 판단을 달리하는 것을 용인하는 인치와, 변화무쌍한 인간의 판단을 배제하고 법에 따른 판단을 강조하는 법치로 곧장 환원될 가능성이 있다는 점을 고려하면, 이런 딜레마는 무척 낯설고 위험해 보입니다. 우리는 늘 인치는 나쁜 것이고 법치는 좋은 것이라고 배워 왔기 때문입니다. 앞서 완벽한 법치는 애초에 불가능하다고 이야기했는데 이번에는 실제 사례를 하나 소개하겠습니다.

2003년 대량 살상 무기를 이유로 이라크를 공격한 미국은 전쟁이 교착 상태에 빠지면서 점점 발을 빼기 어려운 상황에 몰렸고 이에 따라 국제 사회에서 정당성을 확보하는 동시에 실질적인 지원도 받기 위해 여러 우방국에 파병을 요청했습니다. 이에 정부에서는 자이툰 공병 부대를 파병하여 복구 작업을 지원하기로 결정했습니다. 이에 대해 시민 이 모 씨는 정부의 결정이 침략 전쟁을 부인한 헌법에 위배된다는 이유로 2003년 11월 헌법 재판소에 헌법 소원을 냅니다. 파괴된 건물이나 도로를 복구하는 등 지원 작업을 하는 공병 부대라고는 하지만 민간인이 아닌 군대를 파병하는 것이고, 이라크와 우리나라가 교전 상황에 놓인 것도 아니었으므로 방어 목적의 전쟁만을 인정하는 헌법 정신에 비추어 볼 때 분명 위헌의 소지가 있었습니다. 하지만 이 듬해 4월 29일 이루어진 선고에서 헌법 재판소 전원 재판부는 '각하'[•] 결정을 내렸습니다.

재판부는 결정문에서 파병과 같은 외교적 행위는 '고도의 정치적 결단'이 요구되는 사안이고 사법부의 결정이 더 정확하다고 단정할 수도, 국민의 신뢰를 확보하기도 어렵기 때문에 헌법 재판소가 사법적 기준만으로 심판하는 것은 자제해야 한다, 만약 대통령과 국회가 잘못 판단했다면 궁극적으로 선거를 통해 평가와 심판을 받으면 된다고 판시했습니다. 행간의 의미를 읽었나요? 이 내용을 노골적이고 단

[•] 각하는 소의 요건을 갖추지 못했거나 헌법 재판소에서 다툴 문제가 아니라고 판단될 경우 주장의 옳고 그름을 판단하지 않고 심리를 거절하는 결정을 말합니다.

순한 글로 재구성하면, '사법적 기준'으로만 판단하자면 문제가 있는 결정으로 보이지만 그렇다고 위헌 결정을 내리면 행정부의 업무를 직접적으로 가로막는다는 부담도 있고 국민들이 동의해 주지도 않을 것이므로 우리는 판단하지 않겠다, 정치 문제는 선거와 같은 정치적 절차를 통해 결정해야 한다는 의미라고 할 수 있습니다.

이런 논리를 '통치 행위론'이라고 합니다. 고도의 정치적 결단이 요구되는 통치 행위에 대해서는 사법적인 판단을 자제한다는 것인데 그 이유는 '행정부와 국회가 잘 일하기 위해서'이고 또 '국민들이 동의해 주지 않을 것이기 때문'입니다. 즉, 결과의 좋음, 필요성에 따라 원칙이 적용되지 않거나 예외를 인정하는 것이 가능하다는 것을 공식적으로 인정한 셈입니다.

통치 행위론을 인정할 것인가 하는 문제는 헌법학자들 사이에서 큰 논쟁거리 중 하나인데 헌법에 예외를 공식적으로 인정하는 것이 모순이라는 점에서 부정적인 의견을 지닌 학자들이 많습니다. 하지만 일반인 중에는 한미 동맹 관계를 고려했을 때 국익에 도움이 되는 결정이므로 헌법 재판소의 판단이 타당하다고 보는 사람도 많을 것입니다.

저는 옳음과 좋음이 서로 견제하고 또 서로의 빈 곳을 메우면서 함께 존재하는 '길항 관계'에 놓여 있다고 생각합니다. 늘 원칙만 강조하며 유연하게 대응하지 않으면 제대로 문제를 해결하지 못해서 심각한 상황에 이를 수 있고, 반대로 원칙이 수시로 위반되고 예외가 폭넓게 인정되어 구멍이 숭숭 뚫린다면 원칙은 자동적으로 더 이상 존재하지 않는 상태에 놓이게 될 것입니다.

관행적 폭력이란 바로 이런 딜레마에서 나온 절묘한 타협 지점입니다. 게임의 폭력성, 위험성을 통제하기 위해 불문율의 존재 및 원칙의 손상을 일부 감수할 수밖에 없는 상황에서, 그러한 규칙 위반조차 '예측 가능한' 일정한 규칙에 따르는 반복적인 행위, 즉 관행으로 만들어 관리함으로써 원칙과 예외, 위반과 준수의 모순을 융합하는 것입니다. 관리되는 일탈은 그 예측 가능성으로 인해 규범 자체의 붕괴로 인식되지 않는 데다 관행적 절차 뒤에 더욱 쉽게 원래의 궤도로 복귀할 수 있기 때문입니다. 규칙을 준수하도록 강제하는 것이 임무인 심판이, 규칙을 위반한 벤치 클리어링이나 주먹다짐 또한 관리하는 낯선 모습은 위반 행위조차 시스템 안에 포섭되어 있다는 이미지를 줍니다. 또 실제로 잠시의 소란 후 곧장 경기가 정상적으로 속행되는 것을 가능케 해 줍니다.

벤치 클리어링은 우리가 사는 세상의 원칙이 얼마나 허술한지, 동시에 우리의 삶을 끝까지 포섭하려 드는 시스템은 얼마나 집요한지를 한꺼번에 보여 줍니다. 규칙 위반이 질서를 무너뜨리는 것도 문제가 되지만, 반대로 어떤 형태의 규칙 위반도 끝까지 관리되어 결국 아무런 실질적인 변화에 이르지 못하는 것도 무서운 일입니다. 길항 관계가 건전한 견제를 통한 성장으로 이어지기 위해서는 서로의 모순에 눈감지 않고 늘 경계하며 한편으로는 대화를 나누는 깨어 있는 태도가 반드시 필요합니다.

마지막으로 한 가지 덧붙일 이야기가 있습니다. 학생들에게 직접적으로 "옳음과 좋음 가운데 어떤 것이 자신의 판단에 더 영향을 준다고 생각하나요?"라고 물으면 대부분 옳은 일을 따르려고 한다, 그러지 않으면 양심의 가책을 받는다고 말합니다. 하지만 앞에 나온 기관사의 딜레마를 던지면 거의 모든 학생이 선로를 바꾼다고 답합니다. 아마 여러분 중에도 '어차피 누군가 죽는다면 다섯 명이 죽는 것보단 한 명이 죽는 편이 낫잖아.'라고 생각하는 사람이 많을 겁니다. 우리가 표면적으로 갖는 의식과는 달리 삶의 대부분의 영역에서, 심지어 법적 판단에서조차 옳음보다는 좋음을 우선시하는 경우가 많습니다.

'대립을 통한 공존'이라는 의미를 담고 있는 길항 관계에서, 저는 이익과 손해를 계산하여 '더 좋은 결정이 무엇인가'를 따지는 능력을 기르는 것보다 '어떤 이해관계로도 환원될 수 없는 옳음'에 대한 신념을 키우는 것이 우리에게 더 필요하고 시급하다고 생각합니다. 인권 개념이 법과 만나는 지점, 법치의 핵심으로 자리 잡을 수 있는 지점이 바로 여기이기 때문입니다. 인권은 계산으로 도출할 수 있는 결과가 아니라 믿음이자 신념입니다. 수많은 효율성과 이해관계에 포위된 우리에겐 바로 지금 이런 믿음이 절실히 필요합니다.

10

법은 정의를 구현할까?
/ 주사위의 철학과 정의의 두 원칙

**연못 밑바닥에서
발견된 주사위**

저는 부산에 살고 있습니다. 고향은 아니지만 부산대에 임용되자마자 온 가족이 부산으로 이사를 왔습니다. 부산에 살다 보니 부산 근교 도시들도 자주 방문하게 됩니다. 가장 많이 들른 곳은 경주입니다.

원래 이름이 서라벌이었던 이 도시는 후삼국을 통일한 왕건이 한 번 들렀다가 그 아름다움에 놀라 '놀라운 아름다움을 지닌 고을'이라는 뜻으로 놀랄 경(驚)에 고을 주(州)를 써서 '경주'라고 했다는 설이 있습니다. 지금은 경사스러울 경(慶)을 쓰고 있으니 사람들이 그냥 지어낸 이야기가 아닌가 싶기도 하지만 그런 설에 고개를 끄덕일 만큼 경주는 아름다운 도시입니다. 경주가 품고 있는 여러 명승지 중에서도 안압지는 단연 아름다운 풍광을 자랑합니다. 이곳도 원래 이름은, 월성(月城)에 덧붙여 지은 연못이라서 '월지(月池)'였다고 합니다. 그런데 왕실의 잔치 장소였던 이곳이 개성에 도읍을 정한 고려 이래로 활용할 일이 없어지자 점차 폐허로 변해 조선 시대에 이르러서는 기러기와 오리만 날아들어 '안압지(雁鴨池)'라는 이름이 붙었다고 합니다. 이 폐허를 복원하기 위해 1975년 이래로 2년간에 걸쳐 대대적인 발굴 작업을 했는데, 안압지의 물을 빼고 바닥을 훑는 과정에서 약 3만 점의 엄청난 유물이 발견되었습니다. 특히 1975년 여름에 발굴된 주령구는 형태가 아주 특이합니다. 정사각형 면 여섯 개와 육각형 면 여덟 개로 이루어진 14면체의 이 물건에는 각 면마다 한자들이 새겨져 있었습니다. 한자의 뜻을 풀어 보니 다음과 같았다고 합니다. 좀 길지만 재미있는 내용이니 한번 살펴볼까요?

1. 금성작무(禁聲作舞): 노래 없이 춤추기.

2. 중인타비(衆人打鼻): 여러 사람 코 때리기.

3. 음진대소(飮盡大笑): 술잔 비우고 크게 웃기.

4. 삼잔일거(三盞一去): 술 석 잔을 한 번에 마시기.

5. 유범공과(有犯空過): 덤벼드는 사람이 있어도 참고 가만있기.

6. 자창자음(自唱自飮): 스스로 노래 부르고 마시기.

7. 곡비즉진(曲臂則盡): 팔을 구부려 다 마시기.

8. 농면공과(弄面孔過): 얼굴 간지러움을 태워도 참기.

9. 임의청가(任意請歌): 마음대로 노래 청하기.

10. 월경일곡(月鏡一曲): 달을 보며 노래 한 곡 부르기.

11. 공영시과(空詠詩過): 시 한 수 읊기.

12. 양잔즉방(兩盞則放): 두 잔이 있으면 즉시 비우기.

13. 추물막방(醜物莫放): 더러운 것 버리지 않기.

14. 자창괴래만(自唱怪來晚): 스스로 도깨비 부르기.

무엇인지 눈치 챘나요? 술자리에서 장난삼아 시킬 법한 벌칙의 목록입니다. 주로 왕과 귀족들의 연회가 베풀어졌던 안압지에서 연회에 참여한 사람들은 흥을 돋울 겸 주령구를 굴려 벌칙을 정해 장난을 치며 놀았습니다. 그중 우연히 연못에 빠진 주령구 하나가 진흙 속에 묻혀 있다가 천년이 지난 지금 우리 앞에 나타난 것입니다. 그러니까 이 주령구는 일종의 게임용 주사위였던 셈이지요.

주사위는 인류 역사에서 가장 오래된, 그리고 가장 널리 사용된 게임 도구 중 하나입니다. 현재까지 밝혀진 바에 의하면 주사위의 역사는 기원전 3,000년 이전, 그러니까 지금으로부터 5,000년 이전으로까지 거슬러 올라가고 분포 지역도 매우 넓어서 아시아, 유럽, 아메리카, 아프리카 등 거의 전 세계에서 사용되었던 것으로 확인됩니다.

그런데 잠깐, 주사위는 정육면체 모양이 아니었던가요? 가장 널리 사용된 모양은 정사각형 면 여섯 개로 구성된 정육면체지만 다른 모양의 주사위도 많습니다. 인도의 고대 서사시『마하바라다』에는 피라

미드 모양의 4, 5, 8면체 주사위가 소개되어 있고 루브르박물관에는 20면체 수정 주사위가 있습니다. 또한 중국의 마왕퇴 3호분에서는 18면체 주사위도 발견되었습니다. 그럼 주사위는 어떤 모양이든 가능한 것일까요? 주사위가 주사위이기 위한 기본 조건은 뭘까요?

이 조건을 밝히려면 먼저 주사위가 어떻게 쓰이는지 이해할 필요가 있습니다. 고대에 주사위는 단순한 놀이 도구보다는 점술이나 신탁의 도구로 더 많이 활용되었다고 합니다. 한편 통계학에서는 확률의 기원을 주사위 던지기에서 찾기도 합니다. 또 카이사르는 루비콘 강을 건너 로마로 진격하면서 "주사위는 던져졌다!"라고 말한 것으로 유명하죠. 공통점을 찾았나요? 이 모든 일은 인간이 자신의 의지로 어찌할 수 없는, 우연이나 운명의 영역에 속합니다. 문화 인류학자인 하위징아가 대표 저서인 『호모 루덴스』에서 보드게임의 핵심은 우연성이라고 지적한 것도 같은 맥락입니다. 즉 주사위는 게임 참여자들이 자신의 의지로 어떤 결과를 만들어 내지 못하도록, 순전한 우연에 의해 결과가 나오도록 하는 도구인 것입니다. 그러니 누가 던지든 각 면이 나올 확률이 같기만 하다면, 그러니까 정다면체이기만 하다면 모두 주사위 역할을 할 수 있습니다.

현재까지 수학자들이 발견한 기하학적 정다면체는 4, 6, 8, 12, 20면체로 총 다섯 개뿐입니다. 그 외에는 수학적으로 정다면체가 되는 것이 불가능하다고 하네요. 그럼 앞서 언급한 안압지의 주령구는 어떻게 되는 걸까요? 주령구는 14면체인데요? 그래서 주령구는 정다면체가 아니고 정사각형 여섯 개, 육각형 여덟 개로 구성되어 있습니다. 이렇게 서로 모양이 다르면 주사위의 기본 조건에 어긋나는 것 아닌가요? 우리 선조들이 그렇게 허술할 리 없죠. 주령구는 비록 면의 모양은 다르지만 정사각형 면의 면적은 6.25제곱센티미터, 육각형 면의 면적은 6.265제곱센티미터로 거의 같은 면적을 갖도록 설계되어 있다고 합니다. 모양은 다르지만 면적이 같으므로 결과적으로 한 면이 나올 확률은 모두 14분의 1로 거의 일정합니다.

아쉽게도 현재 남아 있는 주령구는 복제품입니다. 진품은 발굴 후 서울에 있는 국립문화재연구소로 옮겨 수분을 제거하기 위해 특수 제작된 오븐에 넣었습니다. 하지만 다음 날 오븐을 열어 본 담당자는 숨이 막히는 경험을 하게 됩니다. 전 세계에도 유례가 드문, 천년 넘은 14면체 목재 주사위 주령구가 한 줌의 재로 변해 있었던 것입니다. 자동 온도 조절 장치가 달려 있는, 당시로서는 첨단 기기였던 오븐이 오작동해 과열되는 바람에 사고가 일어난 것입니다. 불행 중 다행으로 보존 처리 전에 유물 촬영 및 실측 조사를 해 두었기 때문에 복제품 재현이 가능했다고 합니다.[*] 천년의 시간을 건너 잠시 우리에게 모습을 보여 주고 다시 영원히 사라진 주령구가 왠지 주사위가 지닌 운명적인 '아우라'를 스스로 입증한 것처럼 느껴져서 비극적 사고는 가장 '주사위다운 최후'가 아닌가 하는 엉뚱한 소회도 들었습니다.

● 이광표『손 안의 박물관』, 효형출판 2006, 275~76면.

도박과 도박 아닌 것의
차이

현대 사회에서 주사위가 가장 많이 사용되는, 가장 큰 영향력을 발휘하는 영역은 도박일 겁니다. 저는 초등학생 때 처음으로 본 뮤지컬 「아가씨와 건달들」에서 주인공인 전설의 도박꾼 스카이가 주사위 두 개를 멋지게 던지자 무대 전체가 암전되던 순간의 긴장감을 지금도 잊을 수 없습니다. 주사위를 던진다는 것은 바로 그런 것입니다. 다음 순간에 어떤 일이 벌어질지, 어떤 숫자가 나올지 아무도 모르는 거죠.

도박이 주는 이런 긴장감과 재미, 그리고 여기에 걸린 대가는 사람들이 도박에 쉽게 빠져들고, 헤어 나오기 어렵게 만듭니다. 그런데 운만 좋다면 쉽게 돈을 벌 수 있다는 생각에 너도나도 도박에 뛰어든다면 애써서 일하려는 사람들은 줄어들 겁니다. 사회 전체적으로 보자면 한탕을 하려고 눈이 벌게서 주사위를 던지는 데 온 재산을 바치는 사람들이 늘어나는 심각한 문제가 발생할 것입니다. 그래서 대부분의 국가에서는 도박을 제한하거나 처벌하는 법을 두고 있습니다. 사회의 건전한 근로 의식 내지 경제관념을 파괴하는 중독 행위이기 때문에 국가가 국민을 보호하는 부모와 같은 입장에서 개입하고 보호하는 것입니다.* 복권도 같은 이유에서 국가의 강력한 통제를 받고 있습니다.

그런데 도박을 규제하려면 먼저 도박과 도박 아닌 것을 구분하는 기준이 있어야 합니다. 도박죄는 형법상 처벌을 받는 범죄에 해당하는데 형법학자들은 대개 도박을 다음과 같이 규정합니다.

첫째, 도박은 재물이나 재산상의 이익을 목적으로 하는 행위입니다. 재물의 액수 혹은 지불 기한 등을 따지지 않고, 일단 결과가 정해지고 그에 따라 어떤 사람이 재산상의 이익을 보게 된다면 도박의 범위에 들어갑니다. 둘째, 결과가 우연에 의해 결정되어야 합니다. 주사위 이야기에서 살펴본 바와 같이 당사자가 확실히 예측하거나 결과에 영향을 미칠 수 없는 경우 '우연성'이 성립된 것으로 봅니다. 셋째, 그러므로 당사자의 기능과 기량에 의해 결과가 결정된다면 도박이 아니라 경기라고 봅니다. 당구, 테니스, 야구, 바둑 등은 참여하는 사람의 육체적, 정신적 능력과 주의 집중 여부에 따라 결과가 달라지므로 도박이 아닙니다.

이 기준들을 참고하면 왜 돈을 걸지 않고 친구들과 즐기는 부루마블이나 윷놀이는 도박이 아니라 게임으로 분류되는지, 무작위로 숫자가 적힌 공을 뽑는 복권이나, 풍물 시장 같은 곳에서 거북이, 물방개에 돈을 거는 행위는 왜 도박으로 보는지 설명할 수 있습니다.

그런데 '내기 골프'는 어떨까요? 골프를 좋아하던 네 친구는 그냥 골프를 치면 긴장감이 없으니 돈을 걸고 하기로 했습니다. 1타당 100만 원, 한 게임에 1,000만 원에서 1,500만 원까지 오가는 게임이 1년 넘게

● 이런 생각을 법률 용어로 '후견주의'(paternalism)라고 합니다.

이어졌습니다. 당연히 오간 돈은 수억대에 이르렀고 이 사실을 인지한 검찰은 네 사람을 상습 도박죄로 기소했습니다. 억대 판돈을 걸고 수십 번에 걸쳐 반복해서 벌인 내기 골프는 일반인의 법 감정에 비추어 보면 '사회의 건전한 근로 의식 내지 경제관념을 파괴하는 중독 행위'로 보기에 부족함이 없는 도박 아니겠습니까?

하지만 1심을 맡은 서울남부지법의 판단은 달랐습니다. 먼저 '돈을 걸고 했다'는 점이 핵심이 아님을 분명히 했습니다. 돈을 걸었다는 것만으로 도박이 된다면 상금이 걸린 모든 스포츠 대회는 전부 도박이 되지 않겠습니까? 따라서 도박은 '우연성'만으로 판단해야 한다는 점을 분명히 했습니다.

도박죄는 화투, 카드, 카지노 등과 같이 승패의 지배적, 결정적 부분이 우연에 좌우되는 경우에 한정되어야 한다. 운동 경기와 같이 승패의 전반적인 부분은 경기자의 기능과 기량에 의해 결정되고, 사소한 부분만 우연이 개입되는 경우에는 도박죄가 성립되지 않는다.(1심 판결문 일부)

간단히 말하자면 '승패가 실력으로 결정되는 것은 스포츠이고 운으로 결정되는 것은 도박이다.'라고 구분한 것입니다. 하지만 2005년 이 판결이 알려지자 여론이 크게 요동쳤습니다. 이제 내기 골프, 내기 축구, 내기 당구 등 실력으로 승패가 결정되기만 한다면 모든 사행 오락이 허용되는 것 아니냐는 것이었습니다. 이런 여론을 의식해서였는 지 2심과 3심 대법원에서는 모두 1심의 판단을 뒤집는 결론을 내놓았 습니다.

선수들의 기량 등을 모두 고려하더라도 경기의 결과를 확실히 예견 할 수 없고, 어느 일방이 그 결과를 자유로이 지배할 수 없을 때에도 우 연으로 볼 수 있다.(2심 판결문 일부)

당사자의 능력이 승패에 영향을 미친다 하더라도 다소라도 우연성 에 영향을 받게 되는 때에는 도박죄가 성립할 수 있다.(3심 판결문 일부)

사실 개인적으로는 2심과 3심의 판단이 논리적으로 잘 이해되지 않 습니다. 실력으로 판가름 나는 경기라도 조금이라도 우연성이 개입되 면 도박으로 볼 수 있다는 것인데 우연성이 전혀 개입되지 않는 경기 가 과연 존재할까요?

토너먼트 방식의 경기에서는 강한 선수를 일찍 만날 경우 쉽게 탈 락하거나 힘을 많이 빼서 불리해지는 '대진 운'이 작용합니다. 야구에 는 잘 친 타구가 하필이면 수비수의 글러브로 쏙 들어가는 불운도 있 고, 반대로 빗맞은 공이 어물어물 수비수가 없는 곳에 떨어지는 '텍사 스성 안타'˙도 있습니다. 육상 경기에 나선 선수가 아침에 마신 우유 때문에 배탈이 나서 메달을 놓칠 수도 있고, 우승이 유력하던 선수가 발목을 삐끗하면서 다른 선수들과 함께 우르르 넘어지는 바람에 예선 꼴찌이던 선수가 금메달을 딸 수도 있습니다. 학창 시절에 수많은 시험을 보면서 잘 아는 문제인데 정답 표기를 잘못해서 아쉬워하거나 반대로 대충 찍은 답이 정답이어서 환호성을 질러 본 경험은 누구나 있을 겁니다. 감히 단언하자면 우연성이 개입되지 않는 경기란, 적어도 인간이 하는 경기인 한 없습니다. 만약 그런 경기가 있다면 사람들은 하거나 볼 생각을 안 할 겁니다. 경기를 하기 전에 이미 결과가 확실히 나와 있는데 무엇 때문에 경기를 하고 또 지켜보겠습니까? 경기가 주는 재미의 본질 또한 일정 부분 우연성에 기대고 있다는 점은 인정할 수밖에 없습니다.

그러니 우연성보다는 역시 판결문에 함께 제시한 "내기 골프를 방임할 경우 경제에 관한 도덕적 기초가 허물어질 위험" 혹은 "정당한 근로에 의하지 아니한 재물의 취득을 처벌함으로써 경제에 관한 건전한 도덕 법칙을 보호"하려는 의도가 이런 판결의 진정한 이유가 아니었을까요? 다만 이 이유만 제시할 경우 다분히 자의적이라는 비판을 피하기 위해 도박의 정의를 통해 도박과 도박 아닌 것을 구분하려다 보니 무리한 설명을 하게 된 것이 아닌가 합니다.

● 미국 마이너 리그 중 하나인 텍사스 리그에서 뛰던 올리 피커링이라는 선수가 실력을 인정받아 메이저 리그에 올라왔는데 치는 타구마다 수비수들 사이에 떨어져서 운 좋게 안타가 되는 일이 일곱 차례나 연달아 생겼다고 합니다. 그래서 해설자들이 "저건 텍사스식 안타인 모양이죠?"라고 농담을 한 것이 '텍사스 리거 히트(Texas Leaguer Hit)' 혹은 '텍사스 리그 싱글(Texas League Single)'이라는 관용어로 굳어졌습니다.

하지만 이런 의문은 1심 판결에도 똑같이 제기될 수 있습니다. 저는 어려서부터 어머니의 심심함을 해소해 드려야 하는 막내아들의 소임에 충실하다 보니 이른바 '효도 고스톱'을 다년간 수련했습니다. 효도 고스톱의 핵심은 적절한 승패 조절에 있습니다. 눈치 없이 너무 많이 이기면 효도라는 본연의 목적과 달리 어머니의 마음에 대못을 박게 될 수 있고, 반대로 너무 지기만 하면 "너랑 치면 재미가 없다."는 핀잔을 듣기 일쑤입니다. 긴장감이 유지될 만큼 적당히 이기되 최종적으로는 어머니가 용돈을 버실 만큼 져 드리는 미묘한 균형 유지가 중요하죠. 이런 게 '의도적'으로 가능할까요? 물론입니다. 지는 것이야 좋은 패를 계속 내놓으면 되니 누구든 할 수 있고, 이기는 것도 몇 가지 전략을 습득하면 조절이 가능합니다. 즉 화투에도 '실력'이 크게 작용합니다.

또 포커에는 포커페이스라는 기술이 있습니다. 포커 경기를 할 때 초보자는 좋은 패가 들어오면 금세 얼굴이 환해지고 나쁜 패가 들어오면 시무룩해지는 등 감정이 얼굴에 그대로 드러나는 데 반해, 실력자는 어떤 패가 들어오든 표정에 변화가 없습니다. 이렇게 감정을 읽을 수 없는 얼굴을 포커페이스라고 합니다. 더 나아가 좋은 패인데 슬쩍 실망한 척한다거나 나쁜 패인데 마치 대단히 좋은 패가 들어온 것처럼 연기를 해서 다른 사람들이 기권하도록 하는 '블러핑'이라는 기술도 있습니다. 이런 기술들은 실력일까요, 아닐까요?

결국 도박이든 스포츠든 완벽하게 실력만으로 결정되는 것은 없고,

반대로 완전히 우연에만 기대는 경우도 없습니다. 인간이 하는 게임이라면 이 두 요소는 늘 함께 개입되게 마련입니다. 그렇다면 오히려 중요한 것은 어떤 요소의 비중을, 왜 키우거나 줄일 것인가입니다. 즉 '게임의 목적'이 무엇인가 하는 점이 이 둘의 비중을 결정하는 핵심 요소가 됩니다.

승리냐 재미냐
게임의 목적

위에 언급한 내기 골프 사건에서 1심 재판부가 간과한 부분이 하나 있습니다. 게임에 참여한 네 사람은 모두 아마추어였는데 실력이 서로 비슷하지 않았습니다. 그래서 잘 치는 사람에게는 미리 몇 타를 더해 두고 시작하는 방식으로 일종의 핸디캡을 주어 인위적으로 균형을 맞추고 게임을 했다고 합니다. 어떤 사람에게 더 유리한 상황을 만들어 놓고 경기를 하는 것은 재판부의 표현대로 '억대의 판돈이 오가는' 살벌한 도박 경기에 왠지 안 어울리는 것 같지 않습니까?

이런 식으로 핸디캡을 부여하는 모습은 우리 주변에서 흔히 볼 수 있습니다. 가장 흔하면서도 확실한 사례는 당구입니다. 사람들이 당구 실력을 비교할 때 쓰는 표현인 "간신히 100 쳐요."라든가 "한 300 치죠."라는 말들은 모두 핸디캡을 수치화한 것입니다. 당구를 잘 모르는 사람들을 위해 간단히 설명하자면 이 표현들은 모두 4구라는 게임에서 사용되는 말들로, 4구는 상대방의 공을 건드리지 않으면서 빨간 볼 두 개를 자신의 볼로 모두 맞추면 1회 성공한 것으로 보는 게임입니다. 자신의 수준을 100으로 설정한 사람은 10번만 성공하면 게임을 끝내게 되지만, 300으로 설정한 사람은 30번이나 성공해야 겨우 끝내게 됩니다. 둘이 같이 게임을 한다면 300을 치는 사람이 세 배로 불리한 셈입니다. 저는 처음 당구를 배울 때 이런 방식이 이상해서 견딜 수가 없었습니다. 그래서 사부 역할을 했던 친구에게 물어보았습니다.

"내 실력보다 점수를 낮게 놓고 치면 되잖아?"

"에이, 그럼 창피하잖아. 내가 한 200은 친다 그래야 폼도 좀 나고."

"지면 게임 비용을 다 물어내야 하는데 좀 창피한 게 문제냐? 그리고 아무래도 지는 것보다는 이기는 게 기분이 좋잖아."

"그건 그런데… 만약 네가 200 칠 실력인데 맨날 100 놓고 치면 아무도 너랑 당구 치려고 안 할걸."

아, 하는 깨달음이 머리를 스쳤습니다. 당구에서 핸디캡을 두는 가장 큰 이유는 게임 자체가 성립되도록, 누구나 참여하고 싶도록, 다 같이 재미있게 치도록 하기 위해서였습니다.

스포츠 경기에서 운의 요소를 최대한 배제하는 것은 '실력'을 명징하게 비교하기 위해서입니다. 각자의 우수한 실력을 경쟁을 통해 드러내 측정하고 이를 통해 예측 가능하고 객관적인 결과를 도출하는 것이 스포츠의 목적입니다. 바로 그런 요소 때문에 우리는 올림픽에서 훈련과 기록 경신에 매달려 온 선수들을 만날 수 있습니다. 다 뛰는

데 겨우 10초 남짓밖에 안 걸리는 100미터 경기에서 영 점 몇 초를 줄이기 위해 인생을 거는 사람들의 이야기가 가능한 것은 선수들이 경기에서 자신의 능력이 숨김없이 증명될 것임을 믿기 때문입니다. 이런 과정을 통해 인류 최고 수준으로 더 높이, 더 빨리, 더 힘차게 뛰는 사람들이 등장하고 끊임없이 기록이 경신됩니다. 김연아 선수가 출전했던 2014년 소치 동계 올림픽에서 우리가 느낀 허탈함이 그토록 컸던 것은 이 모든 노력의 전제 조건인 공정한 판정의 원칙이 무너졌기 때문이었습니다. 선수들의 능력 이외엔 그 어떤 요소도 스포츠에 개입되어선 안 된다는 당연한 믿음이 깨진 것입니다.

그런데 한쪽에는 앞서 말한 당구처럼 이미 지니고 있는 실력을 일부 무력화하는 전제 조건을 둔 게임들이 있습니다. 골프에서의 핸디캡, 실력에 따라 미리 몇 점을 깔아 두고 하는 접바둑, 키가 크고 실력이 좋은 친구는 유난히 실력이 떨어지는 친구와 한 팀이 되도록 만드는 동네 농구에 이르기까지 모두 그런 게임입니다. 단순히 아마추어 게임이기 때문에 그런 것만은 아닙니다. 그보다는 더 많은 사람이 참여해서, 재미있게 즐기는 것을 목적으로 한다는 점에서 다른 양상을 띠는 것입니다. 친구들과 하는 경기의 핵심이 친구에게서 돈을 따는 것은 아닐 것입니다. 그보다는 게임이 되도록, 그리고 즐겁게 즐기도록 하는 것이 우선이겠죠.

도박은 더 나아가 각자의 조건을 완전히 무력화한 것입니다. 도박을 하면 어떤 사람은 돈을 따고 어떤 사람은 잃지만 모든 도박의 공통

점은 결과적으로 부자가 되는 것은 도박장뿐이라는 점이라더군요. 도박을 주최하는 입장에서 중요한 것은 누가 따는가가 아니라 최대한 많은 사람이 참여하는 것입니다. 그를 위해서는 판돈을 키우는 것도 중요하겠지만 그 전에 누구나 이길 수 있도록 참여의 문턱을 낮추는 것이 필요합니다.

바로 이 지점에서 주사위가 등장합니다. 주사위의 핵심은 '누가 던져도 확률이 같다'는 사실 단 하나입니다. 즉 현실적으로 존재하는 수많은 차이들, 어떤 이는 힘이 세고 어떤 이는 약하고, 어떤 이는 똑똑하고 어떤 이는 둔하고, 어떤 이는 부유하고 어떤 이는 가난하다는 피할 수 없는 격차들이 주사위 앞에서는 모두 녹아내립니다. 누구나 한 번 주사위를 던질 수 있고 돈을 딸 확률도 누구나 같습니다. 내가 세상의 잘나디 잘난 그 어떤 사람과도 동등한 위치에 설 수 있다는, 나도 단 한 번에 수천, 수억 원의 돈을 딸 수 있는 확률이 있다는 엄청난 판타지에 매혹당하지 않을 사람이 누가 있겠습니까?

누군가 우리에게 '공정한 게임'이 우리 사회의 가장 중요한 원칙이라고 말한다면 우리는 모두 두 번 생각할 것도 없이 고개를 끄덕일 것입니다. 하지만 과연 '공정'이란 무엇일까요? 무엇이 공정한 것이고 어떤 것이 공정하지 않은 것일까요? 공정이란 단순히 모두 똑같이 만드는 것이 아닙니다. 똑같이 만들려는 목적이 무엇인가에 따라 공정은 완전히 다른 양상을 띠게 됩니다.

정의의
두 원칙

한정된 재화를 사람들에게 배분하려 한다면 어떻게 하는 것이 좋을까요? 우선 생각할 수 있는 것은 모든 사람에게 똑같이 나누어 주는 것입니다. 그렇게 하면 아무도 불만이 없을까요? 아닐 겁니다. 능력이 더 출중한 사람은 내가 왜 이것밖에 못 받나 생각할 것이고, 위험한 일을 하는 사람은 편한 일을 하는 사람을 원망할 것이며, 온갖 험한 일과 궂은일을 도맡아 하며 공동체에 더 많이 기여한 사람이라면 고생한 것이 아무 의미도 없다는 생각을 할 수 있습니다. 만약 이런 분배 원칙이 강제된다면 아무도 자신의 능력을 개발하고 노력하여 애써 무언가를 하려 하지 않을 테니 그 사회는 점점 게으르고 무능한 사람들만 가득해져 결국 도태되고 말 것입니다. 그러니 능력에 따른, 사회적 기여도에 따른 분배가 당연하다는 것이 자유주의적 분배 원칙의 기본 입장입니다.

그런데 사실 이런 식의 서술은 선후 관계에 문제가 있습니다. 이렇게 이야기하면 마치 똑같이 나누어 주다 보니 문제가 발생해서 능력에 따라 분배하는 식으로 원칙이 변화되었다고 착각하기 쉽습니다. 하지만 사실상 인류 역사에서 분배는 늘 힘 있는 소수가 자신의 몫을 최대한 가져가고 이를 정당화하는 이유들을 사후적으로 제시하는 방식으로 이루어져 왔습니다.

이래서야 강자가 살아남고 약자는 도태되는 동물들의 생활과 별로 다를 것이 없어 보입니다. 우리 인간이 동물과 다른 점은 무엇일까요? 아리스토텔레스는 "인간은 정치적 동물이다."라는 말을 남겼습니다. 이 말은 '인간이라는 동물은 정치도 하더라. 모여 사는 것을 엄청 좋아하는 동물이다.'가 아니라 '인간은 정치를 하기 때문에 동물과 다르다, 동물보다 나은 존재다.'라는 의미입니다. '정치'가 얼마나 대단하길래 아리스토텔레스는 인간다움의 핵심이라고까지 이야기했을까요?

　정치학자 버나드 크릭은 "호랑이 옆에 토끼가 잠들어 있고 사자와 사슴이 함께 뛰노는 모습을 상상해 보라. 그것을 가능케 하는 것이 정치다."라고 말했습니다. 가만히 생각해 보면 인간 세상에는 장애를 가진 사람들이 적지 않지만 곤충이나 동물 중에는 불편한 신체를 지닌 경우를 흔히 찾아보기 어렵습니다. 왜 그럴까요? 유전적 질환을 타고나거나 살면서 사고를 당하는 것이 인간에게만 발생하는 일일 리는 없지 않습니까? 그건 아마도 불편한 신체를 지녀 생존 경쟁에서 약자의 위치에 서게 된 동물들은 그리 오래 살아남을 수 없기 때문일 것입니다. 그러니 우리가 사회적 약자들을 생각하고 배려하고 함께 살아가려고 노력하는 것은, 우리가 동물이 아닌 인간이라는 훌륭한 증거가 아닐까요? 정치는 이렇게 약한 사람과 강한 사람, 잘난 사람과 못난 사람, 생각과 생김새가 모두 다른 사람들이 '함께 살아가는 기술'이라는 점에서 인간의 가장 위대한 예술이라고 할 수 있습니다.

　정의도 그런 관점에서 이해할 수 있습니다. 철학자 존 롤스는 정의의 원칙을 정리하면서 '무엇이 더 좋은 결과를 가져오는가?'라는 공리

주의적 관점보다는, '우리가 정말 이성적이고 합리적인 토론을 한다면 어떤 정의의 원칙을 만들게 될 것인가?'라는 절차주의적 관점에서 접근했습니다. 단순히 잘난 사람이 더 잘사는 사회, 결과적으로 다수에게 이득이 된다면 소수는 희생되어도 되는 사회에서는 함께 살아가는 것이 불가능하다고 보았기 때문입니다.

문제는 우리가 이미 사회적 지위와 이해관계를 가지고 있기 때문에 이런 것들을 모두 배제하고 토론하기가 어렵다는 것입니다. 아무래도 자신과 자신이 속한 집단에 유리한 방향으로 원칙을 만들려고 하겠죠. 그래서 그 유명한 '무지의 베일'이라는 사고 실험이 등장합니다. 자신의 이해관계를 전혀 모른다고 가정하고 토론을 하면 어떻게 될까 생각해 보는 거죠.

좀 천박한 비유일지 모르지만 전 이 부분을 강의할 때 학생들에게 "정자가 되었다고 상상해 보자."라고 말합니다. 남자들의 몸속에 있는 정자들이 모여 앉아서, 심심한 김에 "우리 나가면 어떤 원칙에 따라 살아갈 것인지 원칙을 정해 보자." 하고 회의를 하는 거죠. 나중에 자신이 어느 재벌가에서 입에 '금수저'를 물고 태어날지 아니면 찢어지게 가난한 집안에 열한 번째 아이로 태어날지 전혀 모르는 상황, 무지의 베일에 싸인 상태에서 원칙을 정하는 겁니다. 그러면 정자들은 어떤 합의에 이르게 될까요?

정자들이 택할 수 있는 태도는 크게 두 가지입니다. 하나는 재벌가에 태어날 것에 대비하여 '있는 사람들에게 유리하게' 원칙을 구성하는 것이고 다른 하나는 가난한 집안에 태어날 것에 대비하여 '없는 사람이 최소한의 생활을 보장받도록' 원칙을 짜는 것입니다. 여러분이라면 둘 중 어떤 입장을 택하겠습니까? 아마 대부분은 후자의 입장에 설 것입니다. 내가 어떤 입장이 될지 모르는 상황에서 '있는 사람이 더 가지려는' 욕심을 채우는 것보다 시급하고 중요한 일은 '없는 사람이 제대로 살 수 없는 절박한 상황'에 놓일 위험을 회피하는 것이기 때문입니다. 이것이 롤스가 생각한 '합리적이고 이성적인' 사람들의 판단입니다.

아마 사람들이 제일 먼저 합의하게 될 것은 어떤 경우에도 기본적인 권리는 건드리지 말고 똑같이 보장해 주자는 내용일 것입니다. 적어도 다른 사람의 자유를 침해하지 않는 한 누구에게나 똑같은 자유를 보장해 주는 것이 당연합니다. 거꾸로 말하자면, 이런 합의가 없다면 사회적 약자들은 기본적인 자유조차 다수의 이익, 사회적으로 최선인 결과를 위해 쉽사리 희생당할 수 있기 때문에 어떤 경우에도 침해되어서는 안 될 권리의 목록을 먼저 구성하려 할 것입니다. 이것이 롤스의 첫 번째 정의의 원칙, '평등한 자유의 원칙'입니다.

"그럼, 토론 끝!" 하고 손 털고 돌아서려는 정자들에게, 생각이 깊은 어떤 정자가 손을 들고 "잠깐!"을 외칩니다.

"기본적인 자유의 권리는 모두 똑같이 준다 치고, 그럼 만약 누군가에게 좀 더 배분을 해 주어야 한다면 어떤 경우에 가능하다고 해야 하지? 늘 모든 걸 똑같이 나눌 수는 없잖아?"

여기서 롤스의 두 번째 정의의 원칙인 '차등의 원칙'이 나옵니다. 어떤 경우에 차등적 배분이 정당화될 수 있을까요? 앞서 정자들이 느꼈던 불안감을 생각해 보면 금세 답이 나올 겁니다. 차등 배분은 결국 있는 사람에게 더 주는 것과 없는 사람에게 더 주는 것, 둘 중 하나일 텐데 자신들의 처지를 가늠할 수 없는 정자들은 당연히 후자, '없는 사람에게 더 주는 것'을 택하겠지요. 이것이 롤스의 가장 유명한 원칙인 '최소 수혜자의 최대 이익 원칙'입니다. 사회적으로 가장 취약한 사람에게 이익이 되는 방향으로 차등 분배가 이루어질 때만 차등 분배가 정당화될 수 있다는 의미입니다.●

만약 정자들이 세상에 나오게 되면, 그래서 자신의 이해관계를 깨닫게 되면 이 원칙들을 바꾸거나 뒤집고 싶어질지도 모릅니다. 하지만 그건 순수한 이성적 판단이 아니라 이해관계에 대한 고려가 개입된 것이므로 이 원칙들이 부정될 수 없다는 것이 롤스의 주장입니다. 사회적 약자를 보호하고 배려하는 정의의 원칙을 매우 설득력 있게 제시하여 학계에 엄청난 파장을 불러온 이 이론은 지금까지 꾸준히 공격과 비판을 받고 있기도 합니다. 과연 사람들이 모두 자신의 이

● 롤스가 말한 정의의 기본 원칙을 정확히 옮기면 다음과 같습니다.
  1. 각자는 다른 사람들의 유사한 자유의 체계와 양립할 수 있는 가장 광범위한 기본적 자유에 대하여 평등한 권리를 가져야 한다.
  2. 사회적, 경제적 불평등은 다음과 같은 두 조건을 만족시키도록 조정되어야 한다.
    2-1. 그 불평등이 모든 사람에게 이익이 되리라는 것이 합당하게 기대되고
    2-2. 그 불평등이 모든 사람에게 개방된 직위와 직책이 결부되게끔 편성되어야 한다.
    (진태원 「소수 자본가의 통제 막아 내는 '재산 소유 민주주의'」, 『한겨레』 2014. 6. 22.)

해관계를 떠나는 것이 현실적으로 가능한가, 그리고 그렇게 만들어진 원칙을 현실 세계에 그대로 적용하는 것이 타당한가 등 비판의 방향은 다양합니다.

제가 롤스의 이야기를 길게 설명한 것은 그의 이론이 옳다거나 틀리다거나 혹은 현대인의 필수 상식이라는 이유에서가 아닙니다. 우리가 사는 세상의 법칙을 궁극적으로 좌우하는 '정의'의 문제, '공정'의 문제가 누구에게나 당연하고 쉽사리 합의될 수 있는 성질의 것이 아님을 이해하기 위해서입니다. 얼핏 생각하면 능력대로 대접받고 실력대로 배분받는 것이 자연스럽고 당연한 세상의 이치인 것 같습니다. 하지만 그런 정의의 원칙은 정의라는 말이 주는 도덕적 무게감과 신뢰감에 어울리지 않게 지나치게 잔인하고 파괴적입니다. 세상 사람들을 능력대로 줄 세운다면 맨 앞에는 단 한 사람만 서겠지만, 그 뒤에는 반드시 누군가보다 뒤에 있는 50억의 사람들이 늘어서게 될 것입니다. 그들 중 일부는 누군가보다 더 적은 재화, 더 드문 기회, 더 힘든 하루하루 속에 신음하며 심지어 가장 기본적인 삶조차 위협받을 것입니다. 그 사회는 더 좋은 결과, 더 많은 생산물, 더 훌륭한 성과를 거두려는 목적에는 부합할지 모르겠으나 더 많은 사람이 더 즐겁게 더 행복하게 함께 살아가려는 목적과는 멀어질 것입니다. 모든 차이를 내려놓고 똑같은 위치에서 똑같은 기회를 부여받으며 무언가를 시도하는 즐거움을 맛보고 싶다는 사람들의 열망은 복권과 경마와 카지노에서 '중독'이라는 상태에 이를 만큼 강렬하게 불타오르고 있습니다. 이런 열망을 단지 병적 증세라며 외면하기만 한다면 우리 사회는 진정한 의미에서 '함께 살아가는 곳'이 되기 어려울 것입니다.

아름다운
판결

6·25 참전 유공자인 A 노인은 일흔이 넘은 나이에 막노동으로 버는 돈과 딸이 보내 주는 20만 원, 참전 용사 지원비 7만 원으로 한 달을 지내는 어려운 처지에 있었습니다. 1999년에 들어간 임대 아파트가 유일한 안식처였지만 2005년 어느 날 청천벽력 같은 '퇴거 요청'을 받습니다. 임대 아파트를 신청할 당시 시한부 선고를 받아 중태였던 아내를 수발하느라 딸이 대신 서류 업무를 처리한게 화근이었습니다. 아버지의 집을 대신 계약했던 딸이 우연한 기회에 다른 곳에 집을 구입하면서 저소득층 무주택자를 대상으로 하는 임대 아파트 입주자 자격을 잃게 된 것이죠. 노인의 사정이 딱하다는 것은 알지만 주택공사에서는 규정대로 퇴거 요청을 할 수밖에 없었고 이에 노인은 소송을 제기합니다.

1심은 예상대로 패소했고 2심 역시 기대할 것이 없다고 생각했지만 당장 앞일이 막막했으니 일단 항소를 했습니다. 2심 재판장은 노인의 사정을 무척 안타깝게 여겨 직권으로 소송 구조를 신청해 무료로 소송을 진행할 수 있게 했습니다. 네 차례의 공판 결과 내려진 판결은 1심의 결과를 뒤집는 것이었습니다. 더구나 판결문의 문장은 기존의 딱딱한 사실 나열식 글과는 사뭇 다른, 한 편의 수필 같은 글이었습니다. 그 일부를 잠시 소개하겠습니다.

가을 들녘에는 황금물결이 일고, 집집마다 감나무엔 빨간 감이 익어간다. 가을걷이에 나선 농부의 입가엔 노랫가락이 흘러나오고, 바라보는 아낙의 얼굴엔 웃음꽃이 폈다. 홀로 사는 칠십 노인을 집에서 쫓아내 달라고 요구하는 원고의 소장에서는 찬바람이 일고, 엄동설한에 길가에 나앉을 노인을 상상하는 이들의 눈가엔 물기가 맺힌다.

우리 모두는 차가운 머리와 따뜻한 가슴을 함께 가진 사회에서 살기 원하기 때문에 법의 해석과 집행도 차가운 머리만이 아니라 따뜻한 가슴도 함께 갖고 하여야 한다고 믿는다.

이 판결은 언론에 '아름다운 판결'[●]로 소개되면서 많은 사람에게 감동을 주었습니다. 하지만 저는 이 판결이 여러 위험한 요소들을 지니고 있다고 생각합니다. 무엇보다 법대로 판결을 내려야 하는 의무를 지닌 판사가 재량권을 지나치게 확대하여 행사한 점은 우려스럽습니다. 노인의 사정이 특수하고 안타깝다 하더라도 이미 존재하고 있는 사회적 합의인 법 조항을 판사 개인의 판단으로 무시하거나 자의적으로 해석한다면, 심지어 그런 일이 다수의 감정적 지지로 합리화

● 박종인 「아름다운 판결」, 『조선일보』 2007. 1. 22.

된다면 장기적으로 큰 부작용이 생길 것이기 때문입니다. 그의 '수필 같은 판결문'도 어쩌면 논리적으로는 정당화할 수 없는 판결을 정서적으로 뒷받침하기 위해 동원된 예외적인 수사일 수 있습니다.

그런 위험을 판사 자신이 몰랐을 리 없습니다. 또한 그의 판결을 지지한 많은 사람이 판사는 마음대로 판결해도 된다고 생각하는 것도 아닐 것입니다. 그럼에도 불구하고 이런 판결이 나온 것은 왜일까요? 판사는 판결을 소개한 언론과의 짧은 인터뷰에서 다음과 같이 이야기했습니다.

> 법의 목적을 생각하고 해석을 한 결과이다. 정의라는 원리와 소외 계층에 대한 배려 없이 법 조항을 기계적으로 적용하는 것은 지혜롭지 않다고 믿는다.

여기서 우리는 다시 이 글에서 내내 이야기해 온 단어, '정의'를 만나게 됩니다. 판사는 정의를 법의 목적에 따라 보아야 하며 '소외 계층에 대한 배려'가 그중 하나라고 이야기했습니다. 그가 생각하는 정의의 원칙, 법의 목적은 '우리가 함께 살아갈 수 있는 사회'를 만드는 것입니다. 법의 문언 자체에 충실하여 누구에게나 예외 없이 적용하는 '공정'이라는 정의의 원칙이 상식인 세상에, 그런 원칙이 존재하는 근본적인 목적이 '공존'임을 일깨우는 판결이었기 때문에 세상 사람들은 감동을 받고 열광했던 것입니다. 그간 입 밖에 내어 말하지는 못했지만 많은 사람이 느끼고 있던 법에 대한 불만, 정의의 원칙이 지닌 한계에 대한 갈증이 미세한 균열을 뚫고 솟구쳐 오른 것이었습니다.

법이 지키고 보호해야 할 것은 '능력대로 인정받는 것'이 전부가 아닙니다. 능력 있는 사람들은 굳이 법이 지켜 주지 않아도 언제나 자신들의 몫을, 심지어 능력보다도 더 가져갑니다. 개인들의 출발점을 같게 만들어 주는 기회의 균등만으로는 부족합니다. 모든 능력이 '리셋'되어 주사위처럼 완전히 똑같은 조건에 서는 것이 불가능하기 때문입니다. 그래서 인류가 이제까지 찾아낸 '덜 나쁜' 시스템은 사회에서 가장 약한 위치에 있는 사람들이 함께 살아갈 수 있도록 그들을 배려하고 존중하는 것입니다. 때로 그것은 사회 보장 제도의 형태로 나타나기도 하고 장애인 우선 주차 표지판으로 나타나기도 합니다. 법은 이렇게 우리의 공존을 가능하게 하는 가치와 제도를 지킴으로써 정의를 실현합니다.

복권, 도박, 게임에 대한 중독이 심각한 사회는 이런 가치들이 위기에 놓인 사회일 것입니다. 어떤 기회도 주어지지 않고, 노력한 만큼의 대가가 절대로 약속되지 않으며, 낙오된 이들에게는 잔인한 사회, 그런 사회에서 주사위는 '누구나 6분의 1의 확률을 갖는다.'라는 사실 하나만으로도 엄청난 판타지가 됩니다.

'공정'과 '공존'은 길항 관계에 있습니다. 아름다운 판결에서 목격한 것처럼 규칙을 지키려면 누군가의 특수한 사정을 외면하며 안정성과 효율성을 추구해야 하고, 배려를 위해 예외를 인정하려면 우리가

202

선 발밑의 땅을 스스로 무너뜨리는 불안과 위험을 감수해야 합니다. 그러니 우리는 끊임없이 고민하고 선택하고 함께 이야기를 나누어야 합니다.

'당신이 생각하는 정의는 무엇인가요?'

이것이 바로 천년의 시간을 건너 잠시 모습을 드러냈다가 사라져 간 신라의 주령구가, 모든 사람이 주인 되는 세상이라는 지금의 시간을 살아가는 우리에게 던지는 메시지입니다.

11

법의 빈틈은 무엇으로 채울까?
/ 자살골로 살펴보는 법과 상식

**상식을 뒤집어
만든 기적**

얼마 전 인터넷에 올라온 어느 경영학 특강에서 위기를 극복하는 역발상의 사례 하나를 접했습니다. 제목부터 아주 흥미진진합니다. "자살골을 넣어라!─상식을 뒤엎는 역발상 전략"입니다. 게임에서 승리하려면 한 골이라도 더 많이 넣으려고 애쓰는 것이 상식인데 자살골을 넣으면 승리한다니 구미가 당기지 않을 수 없습니다. 내용은 대략 다음과 같습니다.

유럽에서 열렸던 어느 농구 대회에서 불가리아와 체코가 맞붙었다. 종료를 8초 앞둔 상황에서 불가리아는 2점 차로 앞서고 있었고 최종 공격권도 갖게 되었다. 승리가 거의 확정된 상황이니 불가리아 선수들은 기쁨에 흥분할 만도 한데, 실상은 모두 우울해하고 있었다. 토너먼트로 진행되는 대회 규정상 5점 이상의 점수 차로 승리해야만 다음 라운드에 올라갈 수 있었기 때문이다. 마지막 공격에서 3점 슛을 성공시키면 되겠지만 8초밖에 남지 않은 시간을 고려하면 매우 확률이 떨어지는 '도박'이다.

마지막 작전 타임을 요청한 불가리아 감독은 선수들을 불러 모아 무언가 지시했고 선수들은 비장한 표정으로 코트에 나섰다. 심판의 휘슬이 울리자 불가리아 선수들은 체코의 골대가 아니라 반대로 자신들의 골대로 공을 가지고 달려가 그대로 골을 넣어 버렸다. 관중들이 모두 의아해하는 가운데 자살골로 동점이 된 양 팀은 그대로 연장전에 돌입하게 되었다.

불가리아 선수들은 연장전에서 혼신의 힘을 다해 뛰었고 결국 6점 차로 승리를 거두어 다음 라운드에 진출하게 되었다. 관객들은 그제야 불가리아 팀의 의도를 깨닫고 기립 박수로 환호를 보냈다. 즉 예선 통과 가능성이 전혀 없다고 생각되는 상황에서 '왜 상대방의 골대에만 골을 넣어야 하나?'라는 의문에 기반을 둔 역발상으로 동점을 만들었고 그 결과 기적 같은 승리와 예선 통과를 이루어 낸 것이다. 기업 경영에 있어서도 고정 관념에 사로잡히지 말고 상식을 뒤엎는 전략을 통해 혁신을 지속적으로 시도해야 한다.

감동적이고 기발한 이야기이긴 하지만 읽는 내내 왠지 찜찜한 느낌을 지울 수 없었습니다. 가장 먼저 마음에 걸렸던 부분은 '8초'라는 시간제한이었습니다. 농구에서 한 팀이 한 번에 공격할 수 있는 최대 시간, 즉 공격 제한 시간은 24초입니다. 8초면 공격 제한 시간의 3분의 1이니 사실 적지 않은 시간입니다. 공을 엔드 라인에서 받아서 상대편 진영까지 가는 데 2, 3초, 슛하는 데 5초면 빡빡하지만 3점 슛을 시도하기에 불가능한 시간은 아니지요. 물론 3점 슛을 성공시키는 것이 그리 쉽지는 않지만, 연장전에 들어간다 해도 반드시 5점 이상의 점수 차이로 이기리란 보장이 없기는 마찬가지 아닌가요? 만약 제가 감독이었다면 두 개의 도박 가운데 차라리 전자, 즉 8초 안에 3점 슛을 던지는 선택을 했을 겁니다.

물론 감독의 취향이나 이 글에 언급되지 않은 다른 경기 상황 등을 고려할 때(예를 들어 상대편 핵심 선수가 퇴장을 당했을 수 있겠지요.) 연장전으로 가면 필승을 확신할 수 있어서 그런 선택을 했을 수도 있습니다. 하지만 저는 좀 더 근본적인 차원에서 뭔가 잘못되어 있다는 느낌이 들었습니다. 나사가 어긋난 것 같고 다리 하나가 짧은 의자에 앉은 듯한 불편한 기분은 도대체 어디서 오는 것이었을까요?

이런 게임이
정말 있었을까?

그것을 생각해 보기에 앞서 확인할 것은 정말로 이런 게임이 있었는가 하는 점입니다. 내용상 오류로 보이는 부분이 하나 있습니다. 승패의 결과가 아니라 골 득실 차로 다음 경기 진출이 결정된다면 토너먼트가 아니라 리그제로 운영되는 라운드 로빈 방식 (각 팀이 다른 팀과 최소한 한 번씩 경기를 치러 전체적인 승패 기록에 따라 순위를 결정하는 방식)의 대회일 겁니다. 유럽에서 리그제로 운영되는 국가 간 농구 대회라면 유럽을 대표하는 국제 농구 리그인 유로 리그일 가능성이 높습니다. 유럽 각지의 24개 팀이 참여하는 유로 리그에는 불가리아와 체코도 포함되어 있고 1, 2차 라운드 로빈 방식을 거쳐 최종 결선 토너먼트 진출 팀을 가리니 이 이야기의 조건에도 맞아 보입니다.

하지만 유로 리그 홈페이지와 팬 사이트에 들어가서 한참 찾아봤지만 이 사건에 관련된 기록은 없었습니다. 이 정도로 특이한 사건이라면 분명 어딘가에 글이든 동영상이든 남아 있을 법한데 아무런 자료가 없다는 점이 의아했습니다. 제가 놓쳤을 수도 있고 불가리아어나 체코어로 기록되어 있다면 아예 접근을 못 하니 그것만으로 실제 저런 일이 없었다고 단정할 수는 없을 것입니다.

그런데 검색을 하던 중 엉뚱한 곳에서 흥미로운 자료를 하나 찾게 되었습니다. '중국 농구 포럼'의 중국 농구 리그 게시판에 올라온 "Intentionally scoring at own basket⋯ legal?"이라는 제목의 질문, 그러니까 '고의로 자살골을 넣어도 반칙이 아닌가요?'라는 질문이었습니다. 질문 내용을 자세히 풀어 쓰면 다음과 같습니다.

중국에서 열린 전국 규모 농구 대회에서 상하이 팀과 허베이 팀이 맞붙었다. 리그제였기 때문에 만약 상하이가 5점 차로 이기면 두 팀 모두 다음 라운드에 진출하게 되고, 상하이가 13점 이상의 차이로 이기면 허베이는 탈락하고 상하이만 진출, 반대로 상하이가 5점 차 이하로 이기거나 패할 경우 허베이만 진출하는 상황이었다.

　　종료 1.7초를 남기고 상하이는 허베이와 동점을 이루었고 반칙까지 얻어 내어 자유투 두 개를 던지게 되었다. 하지만 두 개를 다 넣는다고 해도 2점 차이로 이기는 것이기 때문에 결국 이번 라운드에서 탈락하게 된다. 그래서 상하이 선수는 엉뚱한 곳에 슛을 던져 동점을 만든 뒤 연장전에 가려고 시도했다. 그러나 첫 번째 슛이 완전히 엉뚱한 곳에 던져진 것을 보고 상하이의 의도를 알아챈 허베이 수비수는 두 번째 슛 역시 빗나가자 그 공을 낚아채서 그대로 자살골을 넣어 버렸다. 이 경우 상하이가 2점 차이로 승리하지만 최종적으로는 허베이가 다음 라운드에 진출하게 된다. 허베이의 이런 자살골은 반칙이라고 할 수 있을까?

　　이 글에는 해당 장면의 유튜브 동영상 링크도 첨부되어 있어서 실제 상황을 살펴볼 수 있었습니다. 이런 경기가 실제로 있었다는 가장 확실한 증거가 되겠지요. 그리고 1.7초 남은 상황이라는 점도 제가 미심쩍어했던 시간상의 문제를 해결해 줍니다. 1.7초면 확실히 드리블을 하거나 슛을 쏘는 것이 불가능한 시간입니다. 볼을 잡자마자 경기가 종료되겠지요. 불가리아와 체코도 이와 비슷한 경기를 한 적이 있었는지 모르겠으나 여러 정황상 이 경기의 내용이 와전된 것 아닌가 합니다.

그럼 왜 중국 농구 리그의 이야기가 비슷하지도 않은 유럽 리그의 이야기로, 그것도 디테일이 많이 바뀌어 전해진 것일까요? 입에서 입으로 이야기가 전해지면서 내용이 조금씩 달라지는 것은 당연한 일이지만 우리가 주목해야 할 점은 그런 '변형'에는 분명 이야기를 전하는 사람의 의도나 심정이 개입된다는 것입니다.

위의 두 이야기를 가만히 읽어 보면 그 뉘앙스의 차이를 쉽게 알 수 있습니다. 불가리아와 체코의 이야기는 최선을 다했으나 도저히 최종적 승리를 할 수 없는 상황에 놓인 불가리아가 '기발한 역발상'을 해서 자살골을 넣고, 연장전 끝에 불가리아가 승리를 거두자 의아해하던 관객들이 그 과감한 발상에 찬사를 보내는 감동적인 스토리입니다. 하지만 실제 모델인 중국의 사례는 어떻습니까? 두 팀 모두 그저 다음 경기에 진출하기 위해 전형적인 '일부러 져 주기'를 하는 추한 모습을 보였을 뿐입니다. 그리 드물거나 기발한 것도 아닌 '더티 플레이'일 뿐이며 관객들의 비난을 받아 마땅한 행위입니다. 우리나라 프로 스포츠에서도 플레이오프나 결승 라운드에서 더 약한 팀을 만나기 위해 일부러 져 주는 경기를 하는 경우 스포츠 정신을 망각한 행위로 호된 비판을 받습니다. 실제로 중국 사례에서 관객들은 환호하기는커녕 엄청난 야유를 보냈습니다.

중국 심판은 자살골이 들어가자 경기를 중단하고 자살골을 넣은 허베이에 반칙을 주어 골을 무효라고 선언했습니다. 결국 경기는 연장전에 돌입했고 상하이가 3점 차이로 승리를 거두었습니다. 점수 차가 5점 이하여서 상하이는 탈락하고 허베이가 다음 라운드에 진출했지요. 하지만 경기 종료 후 심판 위원회에서는 다시 징계를 의결하여 허베이의 두 선수가 각각 한 경기씩 출장 정지 처분을 받았습니다.

유로 리그가 소속된 국제농구연맹(FIBA)의 룰 북을 검색해 봤습니다. 유로 리그 역시 중국 심판이 했던 판단과 같은 규정을 가지고 있었습니다.

16.2.2 만약 선수가 우연히 자살골을 넣으면, 2점을 인정하고 상대편 주장 선수가 득점한 것으로 기록한다.

16.2.3 만약 선수가 고의로 자살골을 넣을 경우, 이는 반칙이며 골은 무효가 된다.

생각해 보면 이것이 당연합니다. 만약 유로 리그에서 불가리아와 체코 간의 경기가 실제로 있었다 하더라도 이야기에서처럼 승리와 환호로 이어지기보다는 반칙 선언과 패배, 그리고 엄청난 국제적 비난에 시달렸을 것이 분명합니다.

법의 원칙과
예외들

　　　　　　　그럼에도 불구하고 이 와전된 이야기가 설득력을 갖는 것은 사람들이 이런 기발함에 끌리기 때문입니다. 사실 우리는 자주 그런 상상을 합니다. 뻔하고 지루하게 반복되는 일상 속에서 뭔가 획기적인 발상이나 강력한 외부의 힘에 의해 커다란 변화가 일어나는 것 말입니다. 연필 끝에 지우개를 다는 간단한 발상으로 큰 부자가 되었다는 어느 발명가의 신화가 계속 회자되는 것도 이런 마음 때문일 것이며 슈퍼맨, 배트맨 등 초능력을 가진 슈퍼 히어로로 영화가 큰 인기를 얻는 것 또한 비슷한 맥락일 것입니다. 즉 우리는 '지겨운 기본'보다는 '화끈한 기발함'에 쉽게 마음이 끌리고 '반복되는 원칙'보다는 '경우에 따른 예외'가 더 인간적인 것이라고 생각하기 쉽습니다.

　이와 유사한 논쟁이 영국에서 수백 년간 벌어졌었습니다. 지구상에서 가장 먼저 의회 민주주의가 자리 잡은 영국에서는 이미 14세기경에 국민 전체에게 보편적으로 적용되는 법인 '보통법'(common law)을 바탕으로 한 법원 제도가 확립되어 사법적 판단을 담당하게 되었습니다. 그런데 시간이 흐를수록 법원의 판단이 법률에 따라 지나치게 일률적으로 이루어져 개별적인 사정을 제대로 고려하지 못한다는 불만이 생겨났습니다. 그래서 패소한 사람들은 국왕에게 다시 판결을 내려 달라고 청원했고, 국왕은 법률이나 판례에 구애받지 않고 직접 판단을 내려 판결을 뒤집는 일이 발생했습니다. 보통법이 모든 사람의 권리가 동등하다는 '평등'(equality)을 전제로 성립된 반면, 국왕의 판단은 개개의 사정을 고려하여 적극적으로 정의를 실현한다는 의미를 지니고 있었으므로 '형평'(equity)을 추구하는 '형평법'이라고 불리게 되었습니다.

국왕의 권한에 따라 이루어지는 판결은 법률이나 선례에 제한을 받지 않았기 때문에 경우에 따라 다양한 판결이 가능했고 더 신속했으며 소송 비용도 저렴했습니다. 당연히 많은 사람이 형평법 법원을 선호하게 되었습니다. 그 결과는 어땠을까요? 의회가 만든 법, 그리고 그 법을 적용하는 보통법 법원은 사람들에게 의미를 잃어 갔습니다. 중요한 것은 그때그때 이루어지는 형평법 법원의 판단일 뿐 보편적 원칙이란 있으나 마나 한 것이 되었지요. 이런 '예외'의 확장은 법치, 아니 법 자체에 대한 심각한 위협이 되었습니다. 결국 17세기 이후 시민 혁명기를 거치면서 민주주의가 자리 잡는 과정에서 형평법의 일부가 영국 법률의 일부로 공인되었고 그 대신 형평법 법원은 사라지게 되었습니다.

영국의 사례가 너무 멀게 느껴진다면 우리나라 법의 '사면' 제도를 이러한 예외 사례로 생각해 볼 수 있습니다. 명절이나 국경일마다 연례행사처럼 이루어지는 사면은 생계형 범죄자들에게 새로운 기회를 주고 사회 통합의 계기를 만든다는 점에서 긍정적인 측면도 분명 있습니다. 하지만 항상 불거져 나오는 정치인, 기업인 대상 사면 특혜 논란이나 대통령의 권한 남용에 대한 비판들은 사면에 긍정적 효과 못

지않게 부정적인 측면이 적지 않음을 상기시켜 줍니다. 이런 현상에 대해 어떤 법조인은 판사들이 애써서 높은 형량을 선고해도 금세 사면되어 나오는데 굳이 무거운 판결을 내리려는 사람이 있겠느냐는 뼈 있는 농담을 던지기도 했습니다. 반복되는 예외가 법 자체를 위협하는 현상은 비단 수백 년 전 영국에서만 벌어지는 일이 아닙니다.

완벽한 규칙은 없다

그렇다면 제가 앞의 자살골 이야기에서 불편함을 느낀 것은 선수들이 완벽하고 정확하게 적용되어야 할 규칙에 예외, 혹은 허점을 이용한 우회로를 만들어 이용했다는 점 때문일까요? 그런데 애초에 예외가 필요 없는 완벽한 규칙이란 가능한 것일까요?

법학에서 법적 판단의 단계를 간단히 설명할 때 자주 드는 예가 앞서 말씀드렸던 삼단 논법입니다. 처음 삼단 논법을 배웠을 때 제 반응은 "그게 뭐야?"였습니다. 뭔가 거창해 보이지만 사실상 삼단 논법을 통해 새롭게 발견되는 사실은 하나도 없기 때문입니다. 하지만 이게 말처럼 쉬운 것이 아닙니다. 법적 판단의 단계를 삼단 논법으로 설명하자면 대전제는 실정법, 소전제는 사실 관계, 결론은 판결이 될 것입니다. 즉 어떤 범죄가 발생하면 그와 관련된 형법을 전제로, 범죄의 사실 관계를 밝히고, 여기에 법을 적용하여 최종적인 판결을 내립니다. 재판 과정에서는 이 가운데 두 번째 단계, 즉 사실 관계를 확정하는 것이 가장 어렵습니다.

　재판 과정은 크게 두 단계로 나누어 설명할 수 있습니다. 첫 번째 단계 '사실 관계의 확정'입니다. 예를 들어 누가 도둑질을 했는지, 무엇을 언제 훔쳤는지, 우발적이었는지 계획적이었는지, 공범은 없었는지 등등을 일일이 확정합니다. 두 번째 단계는 이렇게 확정된 사실 관계를 바탕으로 법률을 적용하여 형량을 정하는 '양형'입니다. 양형은 법률을 직접 해석해서 적용하는 과정이니 법률 전반을 잘 알고 있는 전문가인 판사가 하게 됩니다. 그런데 사실 관계가 확정되고 나면 누가 무슨 죄를 어떻게 지었는지가 확인되므로 사실상 그 자체로 재판의 전부라고 할 만합니다.

　배심 재판에서 배심원들이 하는 일을 흔히 '유무죄의 확정'이라고 하는데 정확히 말하자면 사실 관계를 확정하는 역할을 합니다. 상식적인 차원에서 사실 관계를 확정하는 일은 일반인들도 당연히 할 수 있는 일이라고 보아 배심 재판을 하는 것이지요. 배심원들에 의해 사실 관계가 확정되고 나면 유무죄 여부가 결정된 것이나 마찬가지이고 이후 판사의 양형 과정은 부가적 의미를 지니기 때문에 배심 재판이라고 부르는 것입니다. 그만큼 사실 확정 단계는 중요하고 어렵습니다.

　하지만 좀 더 생각해 보면 이보다 더 어려운 것은 일견 당연해 보이는 '대전제'입니다. 앞서 이야기했듯이 삼단 논법의 핵심은 '새롭게 알게 되는 것은 없다'는 것입니다. 이미 대전제에 모든 진리가 담겨 있고 결론은 이 대전제로부터 유추되는, 대전제에 이미 포함되어 있는 세부 사항에 불과한 것이지요.

그런데 과연 어떠한 경우에도 오류나 예외가 없는 진리가 있을까요? 그것은 신의 영역일 것입니다. 그래서 이런 완벽한 진리를 '도그마(dogma)'라고 합니다. 도그마는 본래 가톨릭에서 교리, 종교적 진리를 가리키는 말이었으나 현대에 와서는 독단적인 신념이나 학설이라는 뜻으로 확장되어 사용되고 있습니다. 도그마는 '진리'를 의미하는 동시에 '논쟁 불가능함'을 비꼬는 용어이기도 합니다. 즉, 종교처럼 내적으로 닫혀 있는 논리 체계 내에서만 비로소 완벽한 진리를 이야기할 수 있으므로 도그마는 보편적이고 이성적으로 이해될 수 있는 '논리'라고 할 수 없지요. 식자들이 가끔 쓰는 "넌 도그마에 빠져 있어."라는 표현이 절대로 칭찬이 아닌 것은 바로 이런 이유 때문입니다.

다시 앞의 질문으로 돌아오자면, 애초에 모든 것을 완전히 알 수 없는, 완벽하지 못한 인간이 만드는 이상 '완벽한 규칙'이란 있을 수 없습니다. 당연히 실정법도 완벽한 진리가 아닙니다. 우리가 '법치'라고 부르는 것이 정말로 인간을 완전히 배제하고 법으로만 통치하는 것이라고 생각한다면 그 순간 우리는 법이라는 도그마에 빠지게 될 것입니다.

그럼 허베이 팀은 규칙에 있기 마련인 허점을 '이용'했을 뿐 규칙을 '위반'한 것은 아니니 약삭빠르다고 할지언정 비난할 여지는 전혀 없는 것일까요?

상식은
힘이 세다

어떤 규칙도 완벽할 수 없다는 명제를 지나치게 확장하면 '모든 것은 그때그때 상황에 따라, 판단하는 사람에 따라 달라진다.'는 상황 논리, 상대주의로 빠질 수 있습니다. 더 나아가면 '규칙 따위는 없다! 오직 힘만이 존재할 뿐!'이라고까지 해석될지도 모르겠습니다.

물론 인간사에서, 아니 세상에서 모든 일은 기본적으로 물리적인 힘에 기초해서 이루어집니다. 규칙은 힘의 반대 개념이 아니라 오히려 힘을 적절히 작동시키는 방식에 관한 것이라고 보아야 합니다. 힘이 규칙을 요구하는 이유는 공동체가 거대해지고 복잡해지면서 보편적 원칙에 따른 힘의 행사가 반드시 필요한 시기가 오기 때문입니다. 생각보다 그 타이밍은 매우 빠른 편입니다. 법과 같은 명시적 규칙은 상당한 규모의 집단이 형성되고 나서야 등장하지만 작은 규칙들은 곧장 필요해집니다. 당장 서너 명이 함께 생활하는 가정에서도 신발은 가지런히 정돈해 놓아야 한다거나 치약은 가운데를 눌러 쓰면 안 된다거나 명절엔 다 같이 모여야 한다는 등 크고 작은 규칙들이 생기게 마련입니다. 어떤 규칙은 가족회의를 거쳐 가훈을 정하듯 공식적이고 체계적으로 결정되기도 하지만 대개의 규칙은 함께 살아가기 위해 당연히 필요한 것으로 묵시적으로 동의되어 존재합니다.

사회적 차원에서는 이런 묵시적인 규칙들의 묶음을 '상식'이라고 부릅니다. 여러 사람이 몰린 버스 정류장에서 줄을 서야 한다는 것은 정류장에 크게 써서 붙여 놓지 않아도 누구나 말없이 따르는, 무시하고 새치기를 할 경우 비난받게 되는 상식이지요.

어떤 이의 명언인지 모르겠습니다만 '상식은 힘이 세다.'라는 말을 자주 떠올립니다. 법이라는, 매우 그럴듯해 보이지만 따지고 보면 여기저기 구멍이 숭숭 나 있는 규칙의 빈자리를 채우는 것은 대개 상식입니다. 심지어 민법에서는 '조리'●라는 이름으로 상식을 법적 판단의 근거로 인정할 수 있다고 아예 명문화해 놓았습니다. 왜냐고요? 그렇게 하지 않으면 판단할 수 없는 일이 많기 때문입니다. 민법은 개인 간의 분쟁을 해결해야 하는데 최후의 조정자라고 할 수 있는 법조차 '난 모르겠다'고 손을 들어 버리는 사태가 벌어지지 않도록 빈틈을 모두 채우려다 보니 이런 원칙이 공식적으로 천명된 것입니다.

비슷한 경우로 국제법이 있습니다. 국제법에서는 국가 간에 맺은 명시적 조약 외에도 국제 관습 혹은 관행을 중요한 법적 판단의 근거로 인정합니다. 조약이 있긴 하지만 그리 수가 많지 않고 조약 당사국도 많지 않아서 그것만으로는 국가 간의 문제를 다 조율하기 어렵기 때문입니다.

몇 가지 예를 들어 보겠습니다. 국제 사회의 관행이 두드러지게 나

● 많은 사람이 승인하는 공동생활의 원리인 도리로 사회 통념, 선량한 풍속, 기타 사회 질서, 신의 성실의 원칙이라는 말로 표현되기도 합니다. 민법 1조는 "민사에 관하여 법률에 규정이 없으면 관습법에 의하고 관습법이 없으면 조리에 의한다."라고 규정함으로써, 민사 재판에 있어서 성문법도 관습법도 없는 경우 조리가 재판의 준거가 된다는 것을 밝혔습니다.

타나는 때가 바로 외빈 방문이 있을 때입니다. 나라마다 문화가 다양하기 때문에 외빈의 문화적 전통과 관습을 존중해 주어야겠지요. 소를 우상시하는 나라의 대통령이나 총리에게 쇠고기 요리를 대접하거나, 술을 마시지 않는 나라에서 온 손님에게 술을 대접하는 것은 결례 중에도 큰 결례가 됩니다. 선물 증정 시에도 이러한 점들이 고려되어야 합니다.

또한 상호주의 원칙도 존재합니다. 한국 대통령이 상대국 방문 시 국빈으로 성대하게 대접받았다면, 그 나라 대통령이 우리나라를 방문했을 때 우리도 유사한 의전상 예우를 제공해야 합니다. 외빈들 사이의 서열도 존중되어야 하는데 일반적으로는 오른쪽이 상석입니다. 정상 회담 때 방문국 정상에게 상석인 오른쪽을 양보하며, 같은 원리로 다자 정상 회의 때 회담을 자기 숙소에서 주최하는 측이 상석을 양보합니다. 예포 발사, 드레스 코드, 숙소 등도 엄격하게 구성됩니다. 이러한 관행들은 그저 예의로 보이기도 하지만 그것이 반복되고 코드화되면서 국제 사회에서는 법과 같은 효력을 지니게 됩니다.

아마 국제 사회에서 가장 강력한 상식은 '약속은 지켜야 한다'일 것입니다. 국제 사회에는 국가 내에서와 달리 강제력을 행사할 수 있는 중앙 정부가 없다는 특성이 있습니다. 따라서 국가 간에 맺은 약속이나 조약이라도 한쪽이 일방적으로 어겼을 경우 이를 제재할 마땅한 수단이 없습니다. 따라서 일정한 형식을 갖추어 맺은 약속이 제대로 지켜지리라는 믿음, 상식이 없다면 국제 사회는 존재할 수 없습니다.

국제법은 이런 상식에 대한 동의와 신뢰를 바탕으로 성립되므로, 조금 강하게 표현하자면 국제 사회에서는 상식이 곧 법이라고 할 수 있습니다.

국제 사회에서의 룰이란 결국 희미하고 모호한 상식과 관행의 흔적을 더듬어 적용하는 것에 불과하지만, 그렇게 움직이는 '국가'라는 공동체의 파급력이 막대하다는 점을 생각하면 상식이나 관행에 따르는 행동은 본질적인 중요성을 지닙니다.

법치가
선물이 되려면

불완전한 인간들이 만든 불완전한 법의 빈 공간에는 무언의 합의와 지혜인 상식이 자리하고 있습니다. 어쩌면 상식은 그 양과 범위에서 명시적 규칙을 훨씬 넘어설지도 모르겠습니다. 하지만 마치 골짜기에 고여 있는 안개처럼 손에 잡히지는 않지만 분명히 공간을 채우고 있는 상식들은 우리의 시야에 한계를 가져오기도 합니다. 그래서 상식을 뒤집는 생각인 '역발상'이 변화와 발전의 계기로 각광받습니다. 그런데 상식을 뒤집는 것이 무조건 칭찬받을 만한 일인지 되짚어 볼 필요가 있습니다. 물론 별다른 고민 없이 습관적으로 받아들여 오던 관행을 깨는 파격을 시도하는 것은 가치 있는 일입니다. 하지만 우리 삶의 대부분은 그런 파격보다는 상식의 묶음으로 구성되어 있다는 사실 또한 잊지 말아야 합니다.

멀리 돌아왔지만 이제 왜 허베이 팀을 비난하게 되는지 설명이 될 겁니다. 스포츠와 게임은 상식과 규칙들의 묶음이고 그 바탕에는 '최선을 다해 멋진 플레이로 감동을 줄 것'이라는 합의가 있습니다. 만약 '수단과 방법을 가리지 않고 무조건 이길 것'이 게임의 대전제라면 우리는 경기 과정을 지켜볼 필요 없이 승패 결과만을 뉴스를 통해 들으면 그만일 겁니다. 그리고 규칙을 요리조리 피해 가는 선수들의 약삭빠름에 감동보다 역겨움을 느끼게 될 것입니다.

"Nice guys finish last."라는 서양 속담이 있습니다. 다른 사람에게 친절하게 대하느라 이리저리 손해를 보다 보니 밥도 제일 늦게 먹고 자기 일도 제일 늦게 마치게 된다, 착하면 손해 본다 정도의 의미입니다. 동양에든 서양에든 이기적으로 행동하는 것이 영리한 전략이라는 생각이 있는 모양입니다. 정말 그럴까요?

이를 설명하는 재미있는 논리 실험으로 '죄수의 딜레마'라는 게임이 있습니다. 두 사람이 테이블에 앉아 '배신'과 '협조'라는 두 종류의 카드로 대결을 하는데 두 사람 모두 협조 카드를 내면 각자 300달러의 보상을 얻을 수 있습니다. 하지만 한 사람만 협조 카드를 내면 배신 카드를 낸 사람은 500달러, 협조 카드를 낸 사람은 100달러를 얻게 되며 두 사람 모두 배신 카드를 낼 경우에는 양쪽 모두 10달러의 벌금을 내게 됩니다. 얼핏 생각하면 눈치를 봐 가면서 무조건 배신 카드를 많이 내는 것이 유리할 것 같습니다. 하지만 과학자들이 컴퓨터로 수많은 경우에 대해 시뮬레이션을 해 본 결과 협조 카드를 많이 내는 것이 가장 효과적인 전략임이 확인되었다고 합니다. 사실 복잡한 시뮬레이션 이전에, 어떤 사람이 자신의 이익만을 위해 끊임없이 남을 배신한다면 그 사람과 함께 테이블에 앉는 것 자체를 꺼리게 될 것입니다. 인간의 모임, 사회의 근간이 무너지는 것이지요.

그래서 법치 사회는 단순히 좋은 법을 만들거나 좋은 법 '적용자'를 선발하는 것으로 완성될 수 없습니다. 법이라는 우뚝 솟은 산맥 밑에 상식이라는 대지, 법의식 혹은 시민성이라는 대륙이 굳건하고 아름다운 모습으로 자리 잡을 때 법을 통한 통치는 비로소 모두에게 선물이 될 수 있습니다. 불가리아 팀, 아니 허베이 팀의 역발상 이야기에 숨은 메시지는 '눈에 보이는 법'만이 전부라고 생각하는 것이 얼마나 위험하고도 어리석은가에 대한 경고입니다.

게임의 法칙

법은 어떻게 세상을 움직이는가

초판 1쇄 발행 • 2016년 10월 28일

지은이 • 곽한영
펴낸이 • 강일우
책임편집 • 김선아
조판 • 황숙화
펴낸곳 • (주)창비
등록 • 1986년 8월 5일 제85호
주소 • 10881 경기도 파주시 회동길 184
전화 • 031-955-3333
팩시밀리 • 영업 031-955-3399 편집 031-955-3400
홈페이지 • www.changbi.com
전자우편 • ya@changbi.com

ⓒ 곽한영 2016
ISBN 978-89-364-7312-9 03300